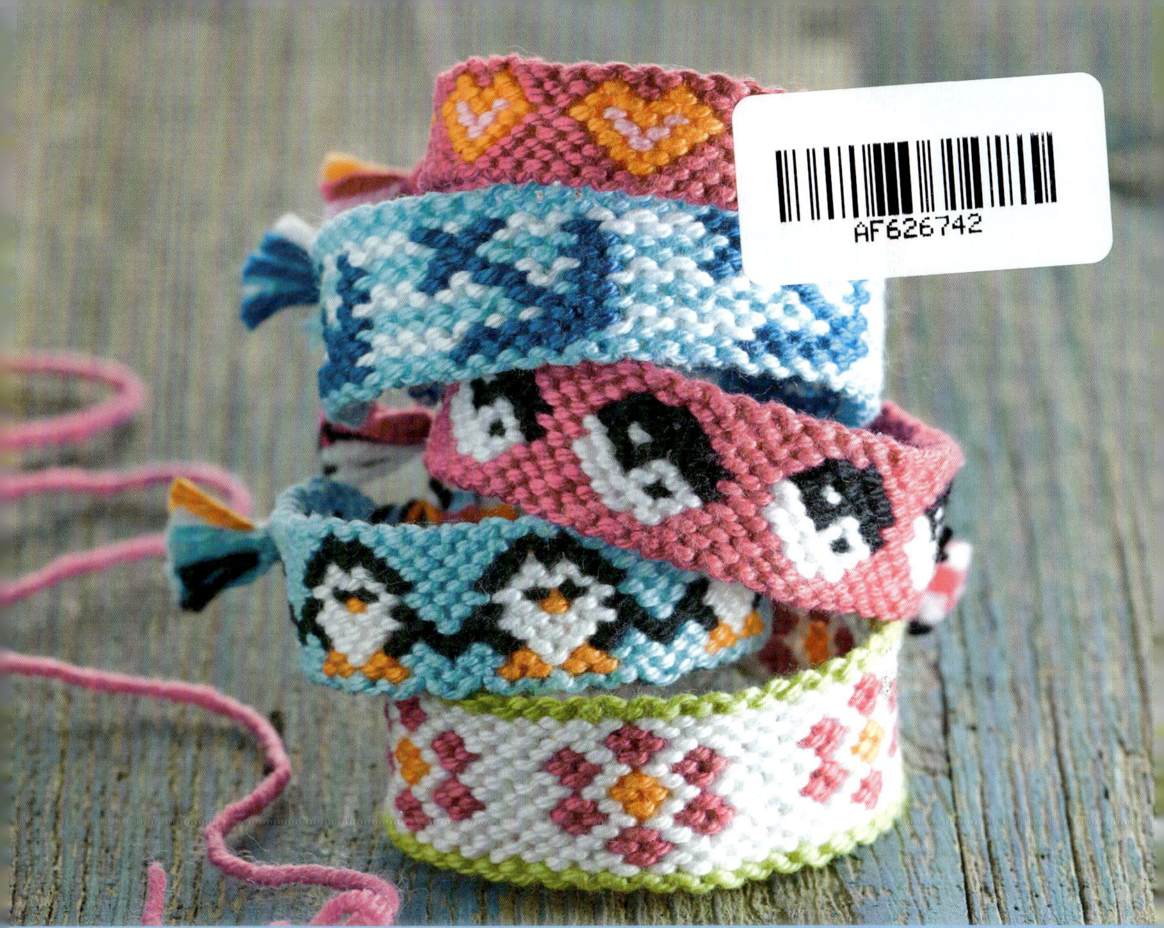

Jetzt wird es bunt! Freundschaftsbändchen kennen wir alle, nicht nur aus unserer Kindheit. Die selbst geknüpften Bänder erleben eine Renaissance. Ob verspielt, elegant mit Perlen oder Charms verziert oder mit geometrischen Mustern – Freundschaftsbänder gibt es in vielen Varianten und für jeden ist etwas dabei. In diesem Buch haben wir Ihnen beliebte Motive zusammengestellt. Vom lustigen Pinguin über den Glückpilz bis hin zur Bärentatze – suchen Sie sich Ihr Lieblingsmotiv aus und knüpfen Sie los. Wer einmal angefangen hat, kann nur noch schwer aufhören!

Viel Spaß beim Kreativsein wünschen

Heike Roland Steffi Thomas

Süßer Glückspilz

nie wieder vom Pech verfolgt

MOTIVBREITE
ca. 2 cm

MATERIAL

- 7 Fäden in Weiß (A), je 130 cm lang
- 4 Fäden in Rot (B), je 130 cm lang
- 3 Fäden in Grün (C), 150 cm lang

1 Schneiden Sie die Fäden in der benötigten Länge zu. Die Fäden in der im Knüpfmuster angegebenen Reihenfolge auf einem Klemmbrett mit der Klammer oder einem Klebestreifen fixieren.

2 Beginnen Sie wie in dem Knüpfmuster angegeben oben links mit einem Rechts-Links-Knoten. Wiederholen Sie die Musterfolge, bis das Band die gewünschte Länge erreicht hat.

3 Vor dem Knüpfen der Spitze (siehe vordere Umschlagklappe) die Länge des Armbandes überprüfen. Zuerst mit den Endfäden, danach mit den Anfangsfäden den Zopfverschluss arbeiten.

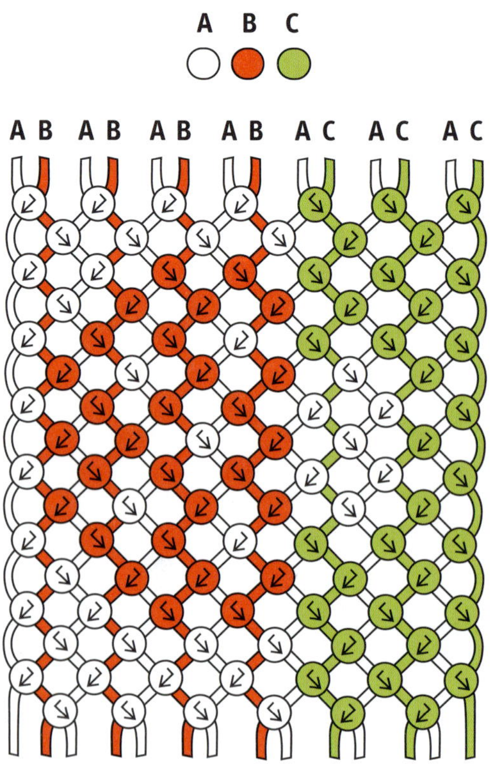

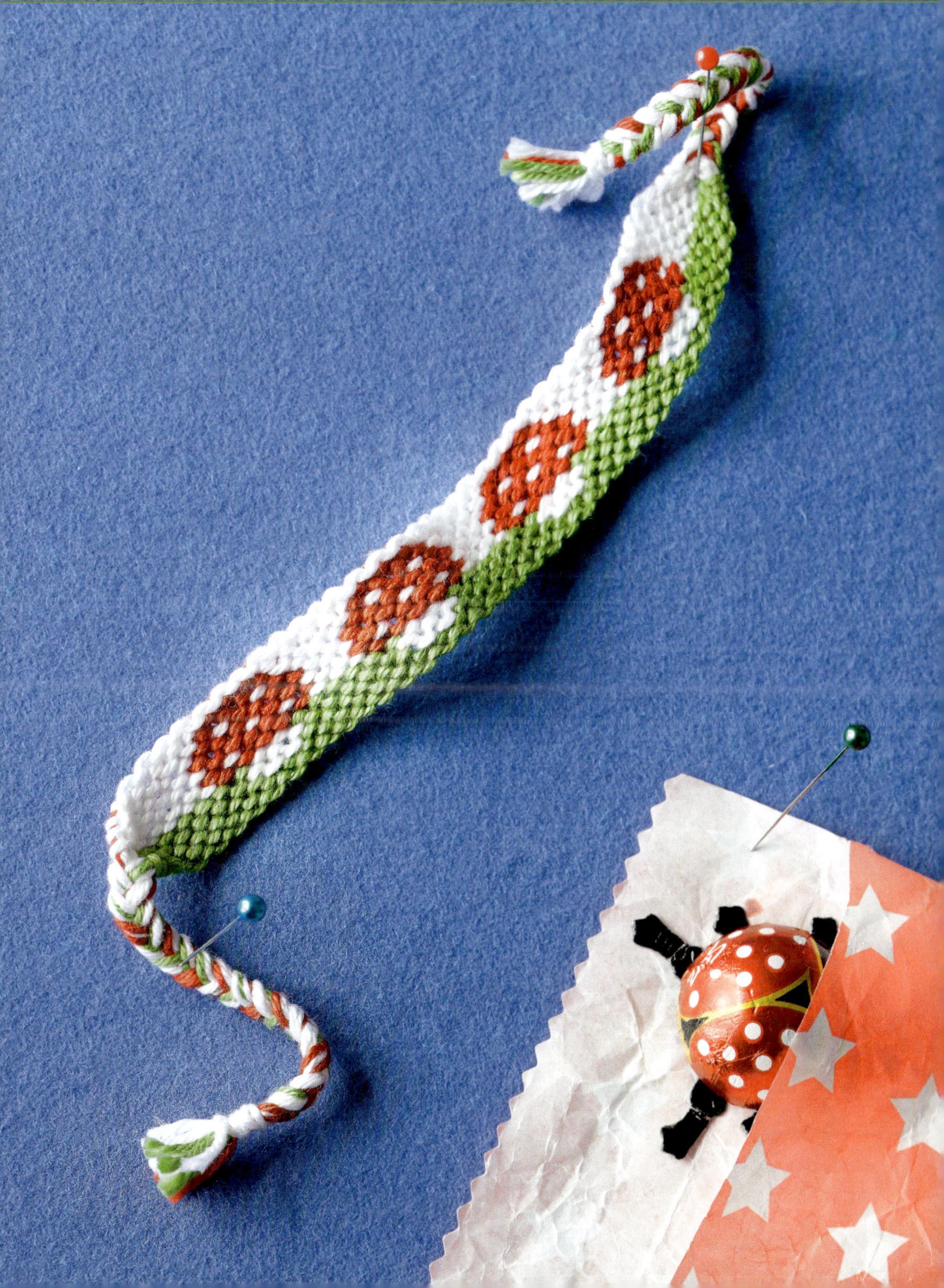

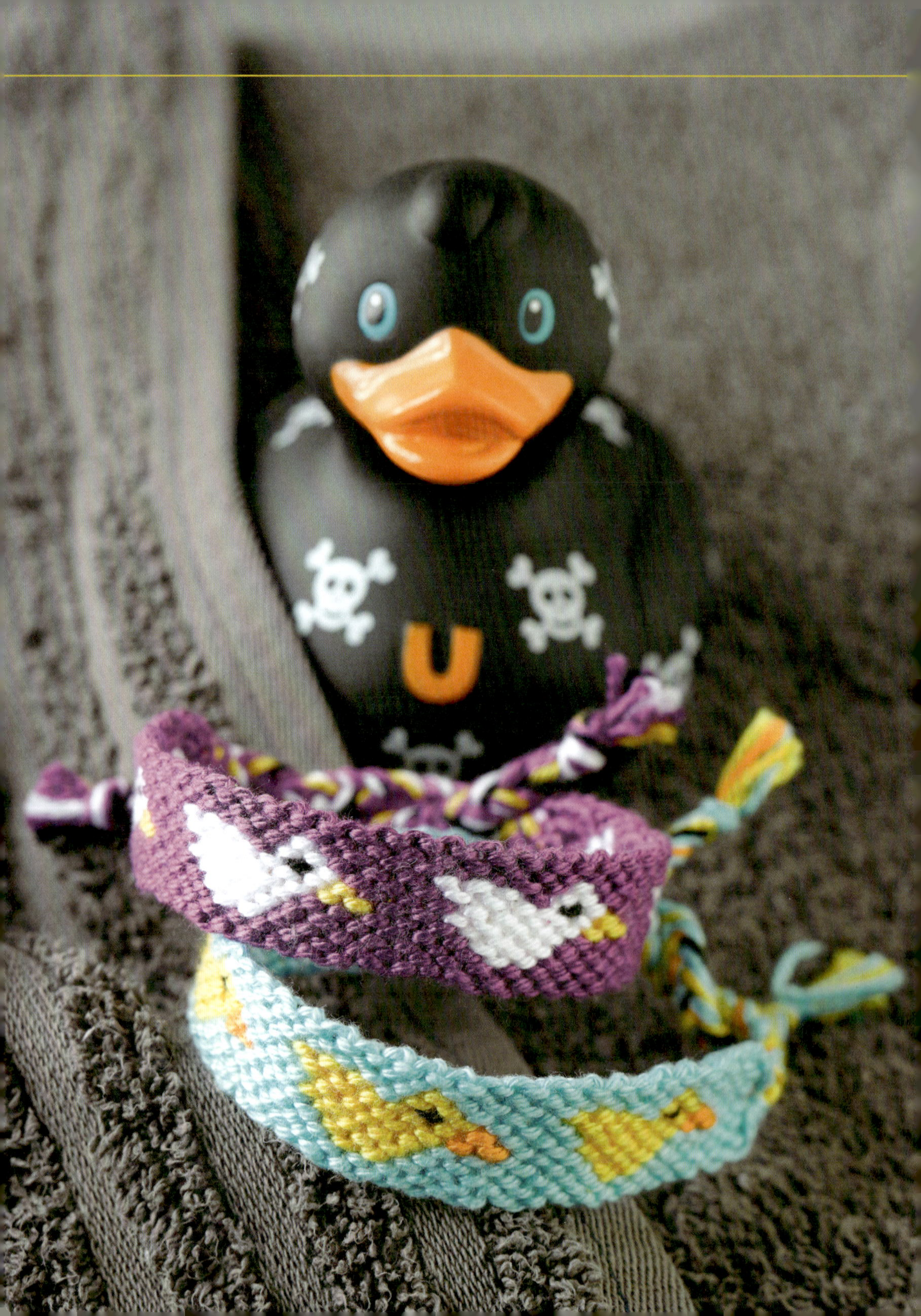
U

Niedliches Quietscheentchen

nicht nur für Badewannenfans

MOTIVBREITE
ca. 1,7 cm

MATERIAL

- 7 Fäden in Hellblau (A), 140 cm lang
- 1 Faden in Schwarz (B), 110 cm lang
- 4 Fäden in Gelb (C), 140 cm lang
- 1 Faden in Orange (D), 110 cm lang

FARBVARIANTE

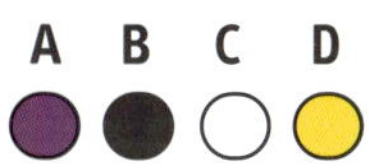

1 Schneiden Sie die Fäden in der benötigten Länge zu. Die Fäden in der im Knüpfmuster angegebenen Reihenfolge auf einem Klemmbrett mit der Klammer oder einem Klebestreifen fixieren.

2 Beginnen Sie wie in dem Knüpfmuster angegeben oben links mit einem Rechts-Links-Knoten. Wiederholen Sie die Musterfolge, bis das Band die gewünschte Länge erreicht hat.

3 Vor dem Knüpfen der Spitze (siehe vordere Umschlagklappe) die Länge des Armbandes überprüfen. Zuerst mit den Endfäden, danach mit den Anfangsfäden den Zopfverschluss arbeiten.

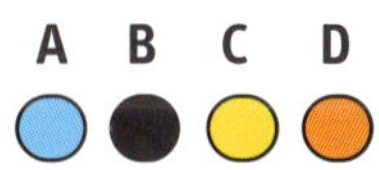

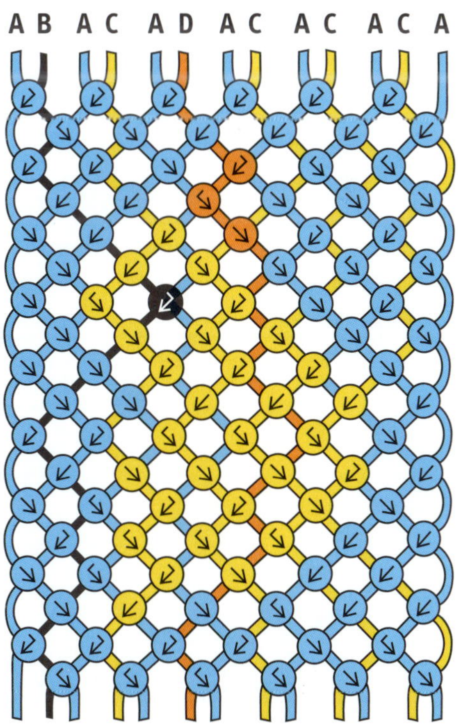

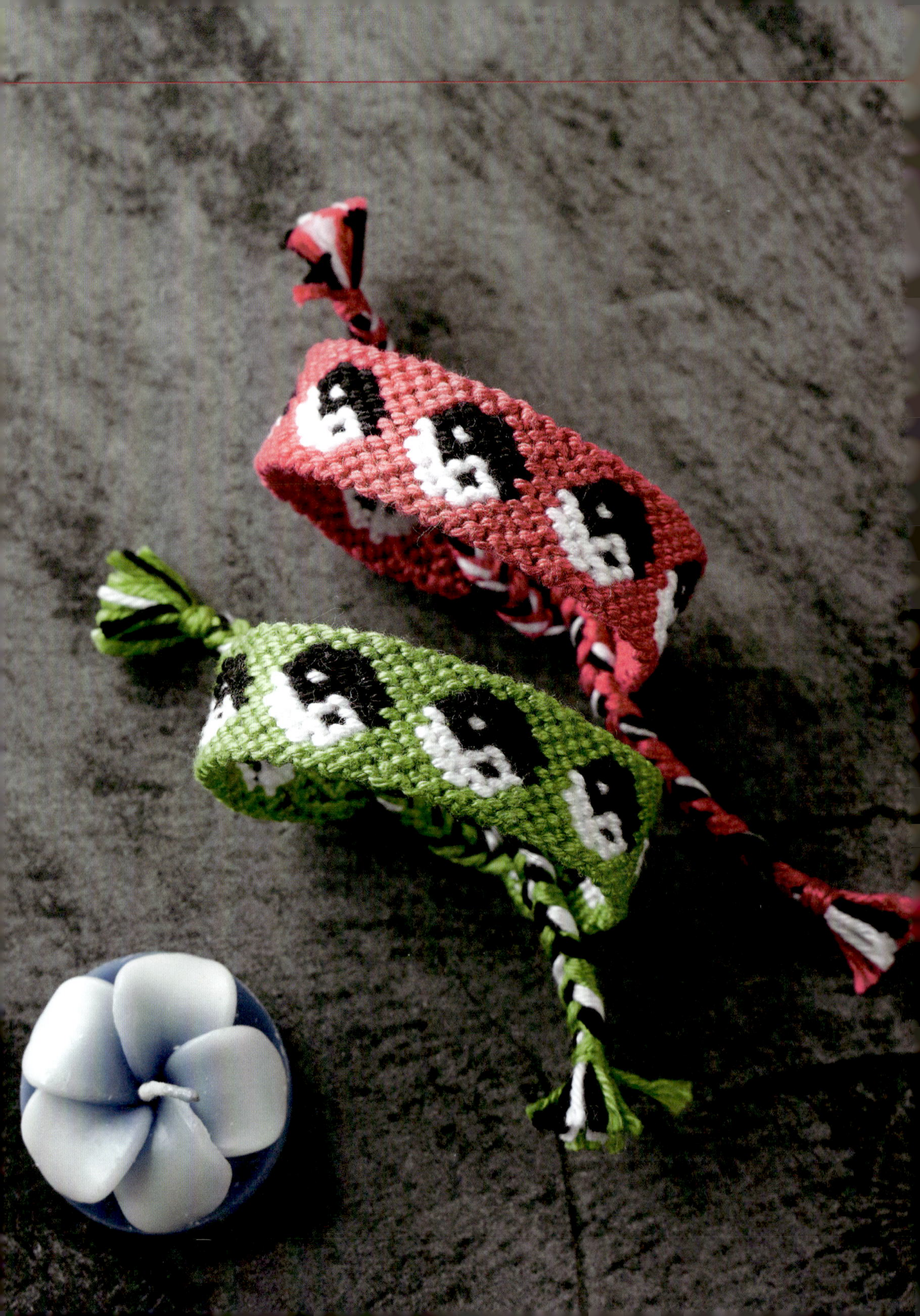

Yin & Yang

in vollkommener Harmonie

MOTIVBREITE
ca. 2 cm

MATERIAL

- 8 Fäden in Pink (A), je 150 cm lang
- 3 Fäden in Schwarz (B), je 150 cm lang
- 3 Fäden in Weiß (C) , je 150 cm lang

FARBVARIANTE

A B C

1 Schneiden Sie die Fäden in der benötigten Länge zu. Die Fäden in der im Knüpfmuster angegebenen Reihenfolge auf einem Klemmbrett mit der Klammer oder einem Klebestreifen fixieren.

2 Beginnen Sie wie in dem Knüpfmuster angegeben oben links mit einem Rechts-Links-Knoten. Wiederholen Sie die Musterfolge, bis das Band die gewünschte Länge erreicht hat.

3 Vor dem Knüpfen der Spitze (siehe vordere Umschlagklappe) die Länge des Armbandes überprüfen. Zuerst mit den Endfäden, danach mit den Anfangsfäden den Zopfverschluss arbeiten.

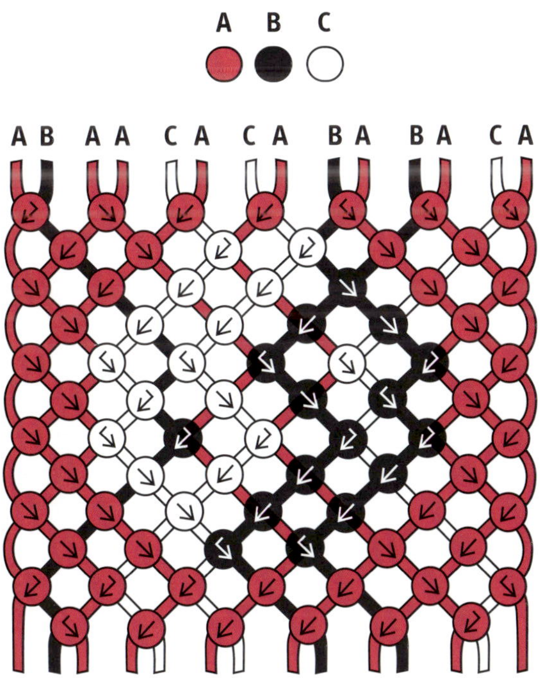

Stars & Stripes

born in the USA

MOTIVBREITE
ca. 1,5 cm

MATERIAL

- 2 Fäden in Rot (A), je 140 cm lang
- 3 Fäden in Weiß (B), je 140 cm lang
- 5 Fäden in Dunkelblau (C), je 140 cm lang

FARBVARIANTE

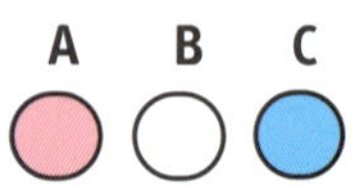

1 Schneiden Sie die Fäden in der benötigten Länge zu. Die Fäden in der im Knüpfmuster angegebenen Reihenfolge auf einem Klemmbrett mit der Klammer oder einem Klebestreifen fixieren.

2 Beginnen Sie wie in dem Knüpfmuster angegeben oben links mit einem Rechts-Rechts-Knoten. Wiederholen Sie die Musterfolge, bis das Band die gewünschte Länge erreicht hat.

3 Vor dem Knüpfen der Spitze (siehe vordere Umschlagklappe) die Länge des Armbandes überprüfen. Zuerst mit den Endfäden, danach mit den Anfangsfäden den Zopfverschluss arbeiten.

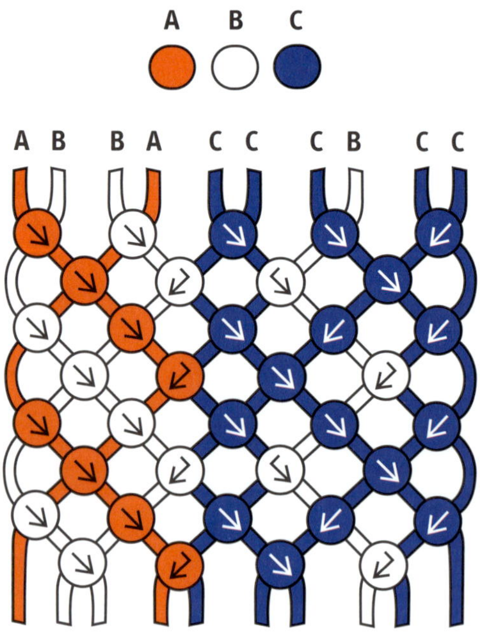

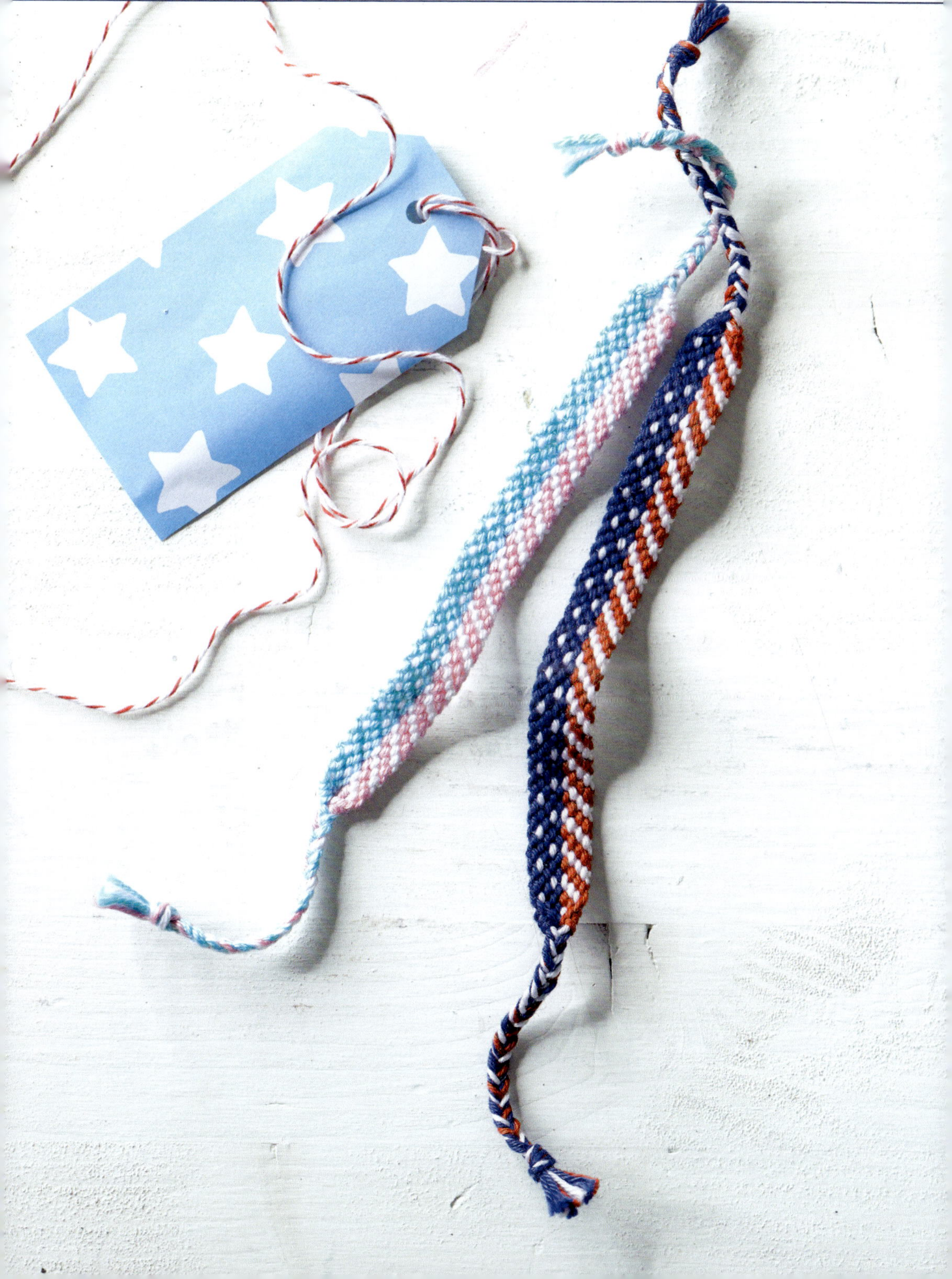

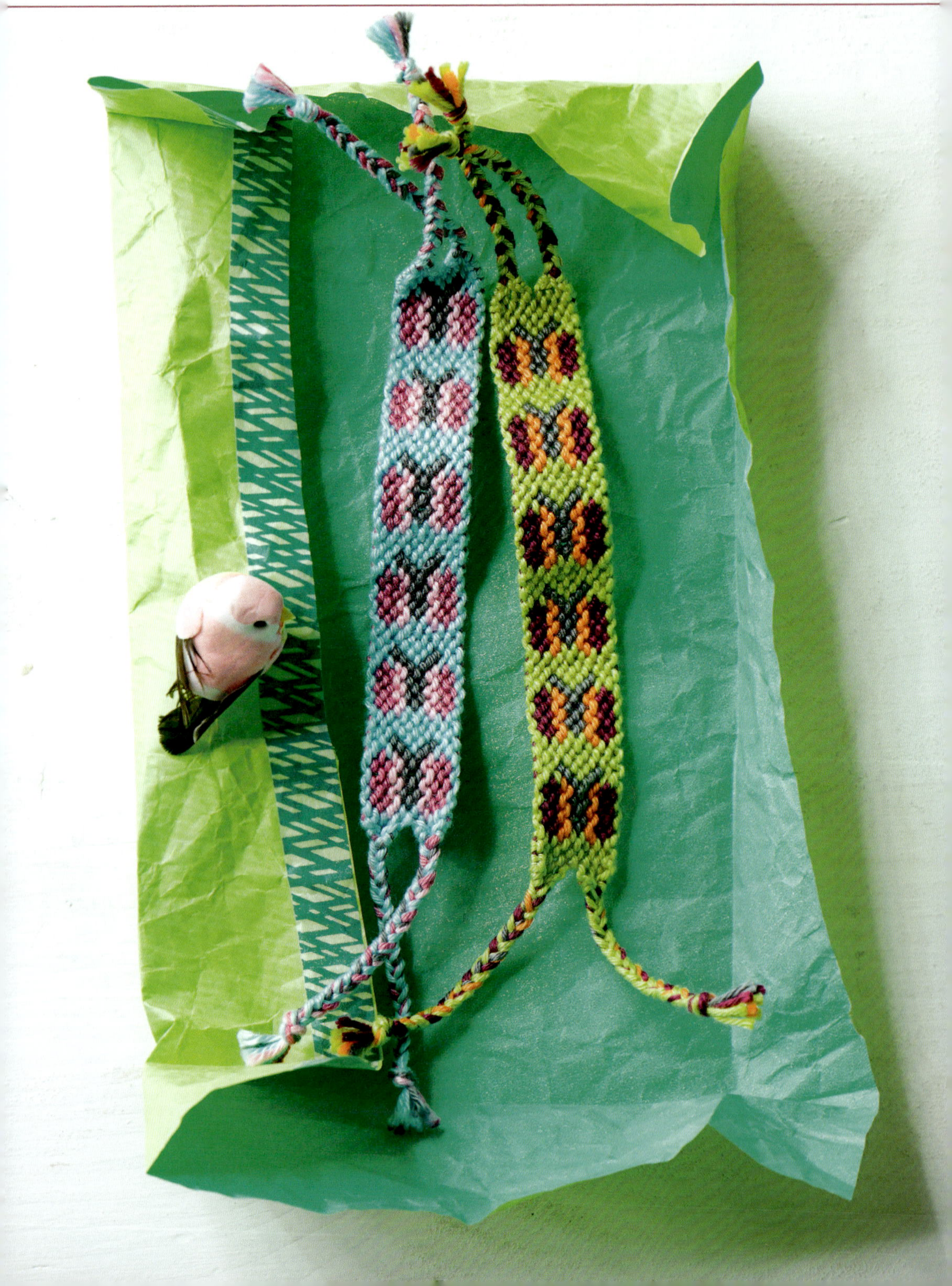

Bezaubernde Schmetterlinge

Frühlingsgefühle selbst geknüpft

MOTIVBREITE
ca. 2 cm

MATERIAL

- 4 Fäden in Pink (A), 130 cm lang
- 8 Fäden in Hellblau (B), 150 cm lang
- 2 Fäden in Rosa (C), 140 cm lang
- 2 Fäden in Grau (D), 140 cm lang

FARBVARIANTE

A B C D

1 Schneiden Sie die Fäden in der benötigten Länge zu. Die Fäden in der im Knüpfmuster angegebenen Reihenfolge auf einem Klemmbrett mit der Klammer oder einem Klebestreifen fixieren.

2 Beginnen Sie wie in dem Knüpfmuster angegeben oben links mit einem Links-Rechts-Knoten. Wiederholen Sie die Musterfolge, bis das Band die gewünschte Länge erreicht hat.

3 Vor dem Knüpfen der Spitze (siehe vordere Umschlagklappe) die Länge des Armbandes überprüfen. Zuerst mit den Endfäden, danach mit den Anfangsfäden den Zopfverschluss arbeiten.

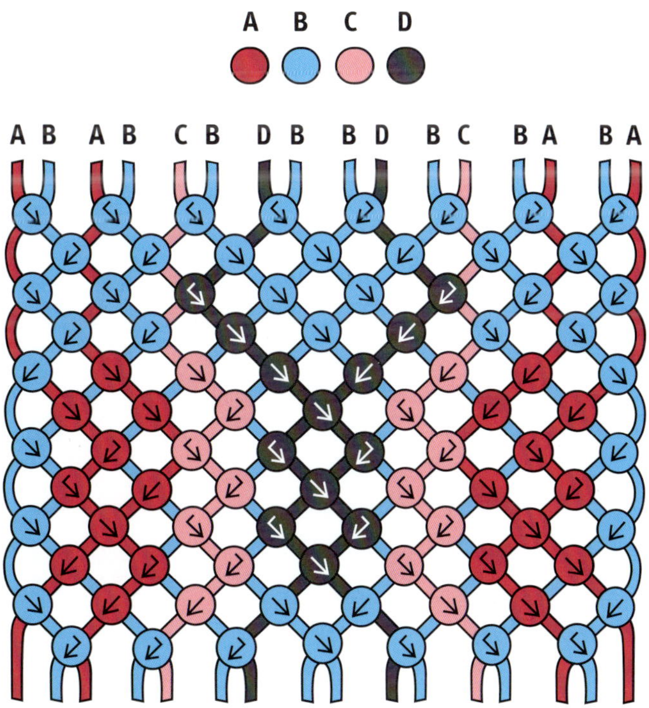

Gib Gummi!

für große und kleine Autofans

MOTIVBREITE
ca. 1,5 cm

MATERIAL

- 3 Fäden in Hellgrün (A), je 130 cm lang
- 1 Faden in Schwarz (B), 130 cm lang
- 4 Fäden in Pink (C), je 130 cm lang
- 1 Faden in Gelb (D), 130 cm lang
- 3 Fäden in Hellblau (E), je 140 cm lang

FARBVARIANTE

A B C D E

1 Schneiden Sie die Fäden in der benötigten Länge zu. Die Fäden in der im Knüpfmuster angegebenen Reihenfolge auf einem Klemmbrett mit der Klammer oder einem Klebestreifen fixieren.

2 Beginnen Sie wie in dem Knüpfmuster angegeben oben links mit einem Rechts-Links-Knoten. Wiederholen Sie die Musterfolge, bis das Band die gewünschte Länge erreicht hat.

3 Vor dem Knüpfen der Spitze (siehe vordere Umschlagklappe) die Länge des Armbandes überprüfen. Zuerst mit den Endfäden, danach mit den Anfangsfäden den Zopfverschluss arbeiten.

A B C D E

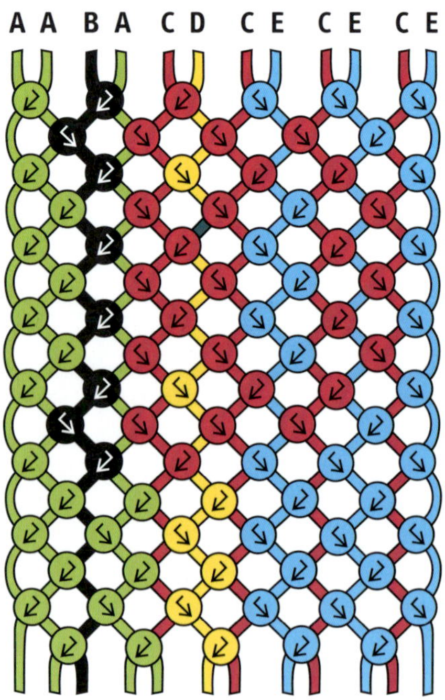

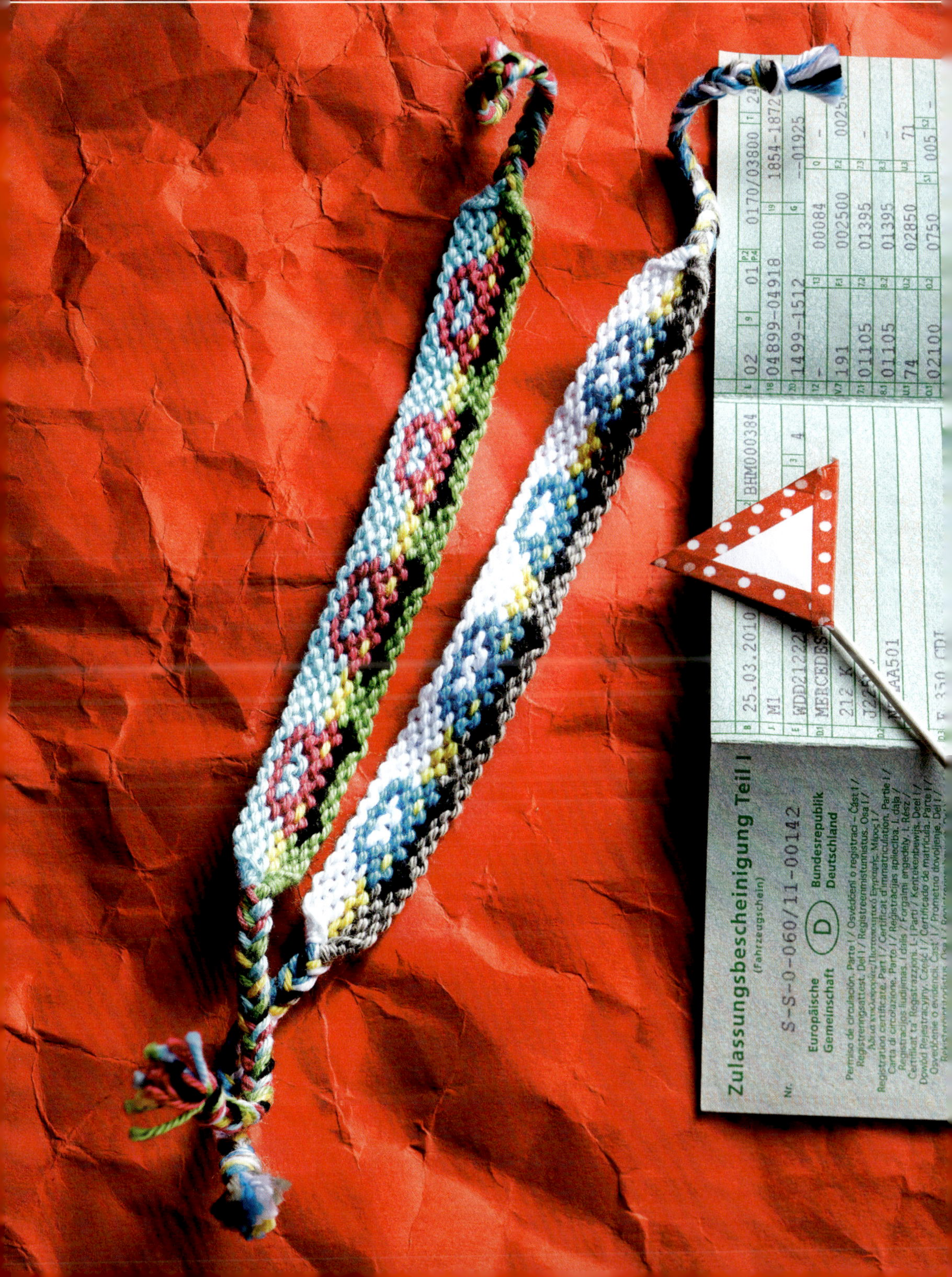

Schäfchen zählen

für süße Träume

MOTIVBREITE
ca. 1,7 cm

MATERIAL
- 2 Fäden in Grün (A), 160 cm lang
- 2 Fäden in Schwarz (B), 110 cm lang
- 4 Fäden in Weiß (C), 140 cm lang
- 5 Fäden in Hellblau (D), 150 cm lang

FARBVARIANTE

A B C D

1 Schneiden Sie die Fäden in der benötigten Länge zu. Die Fäden in der im Knüpfmuster angegebenen Reihenfolge auf einem Klemmbrett mit der Klammer oder einem Klebestreifen fixieren.

2 Beginnen Sie wie in dem Knüpfmuster angegeben oben links mit einem Rechts-Links-Knoten. Wiederholen Sie die Musterfolge, bis das Band die gewünschte Länge erreicht hat.

3 Vor dem Knüpfen der Spitze (siehe vordere Umschlagklappe) die Länge des Armbandes überprüfen. Zuerst mit den Endfäden, danach mit den Anfangsfäden den Zopfverschluss arbeiten.

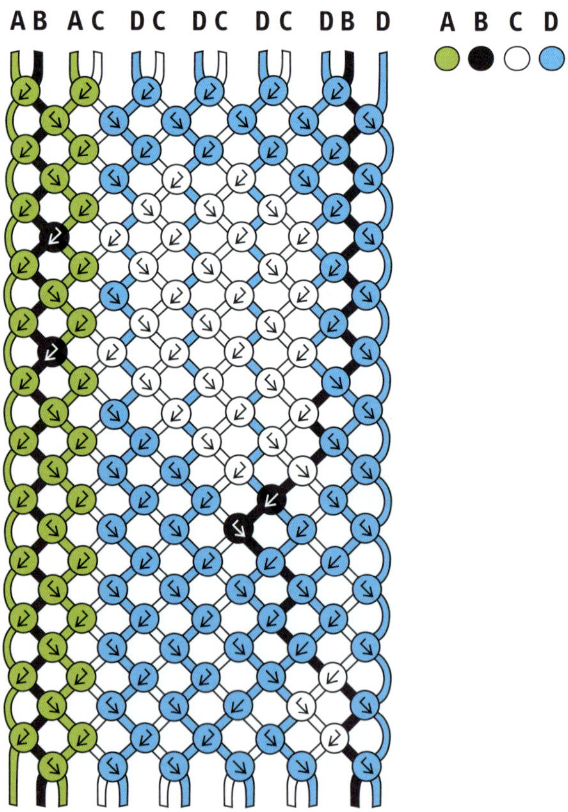

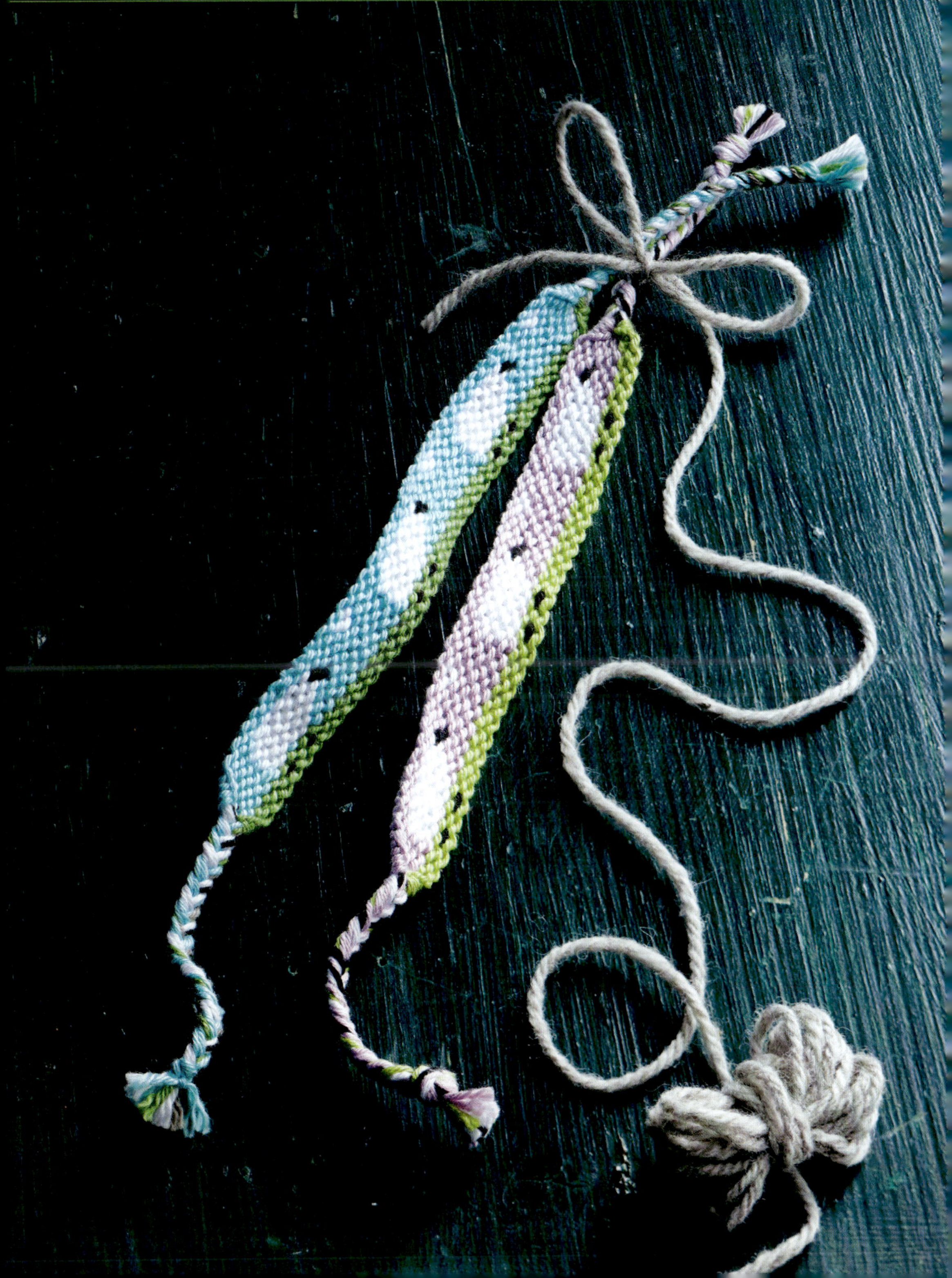

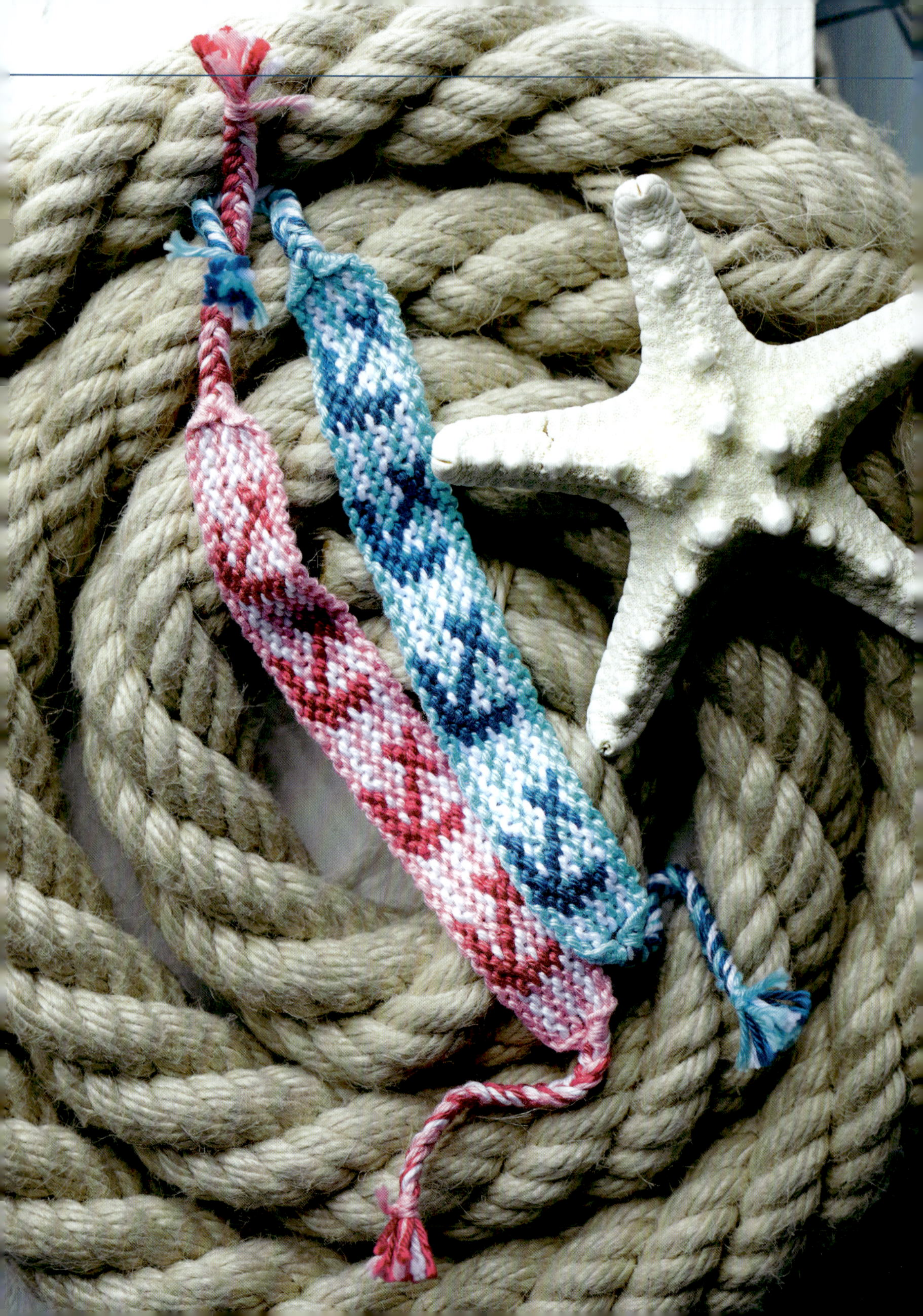

Ein fester Anker

für Seemannsbräute und Matrosen

MOTIVBREITE
ca. 2 cm

MATERIAL
- 6 Fäden in Hellblau (A), 140 cm lang
- 6 Fäden in Petrol (B), 120 cm lang
- 3 Fäden in Weiß (C), 150 cm lang

FARBVARIANTE

A B C

1 Schneiden Sie die Fäden in der benötigten Länge zu. Die Fäden in der im Knüpfmuster angegebenen Reihenfolge auf einem Klemmbrett mit der Klammer oder einem Klebestreifen fixieren.

2 Beginnen Sie wie in dem Knüpfmuster angegeben oben links mit einem Rechts-Rechts-Knoten. Wiederholen Sie die Musterfolge, bis das Band die gewünschte Länge erreicht hat.

3 Vor dem Knüpfen der Spitze (siehe vordere Umschlagklappe) die Länge des Armbandes überprüfen. Zuerst mit den Endfäden, danach mit den Anfangsfäden den Zopfverschluss arbeiten.

A B C

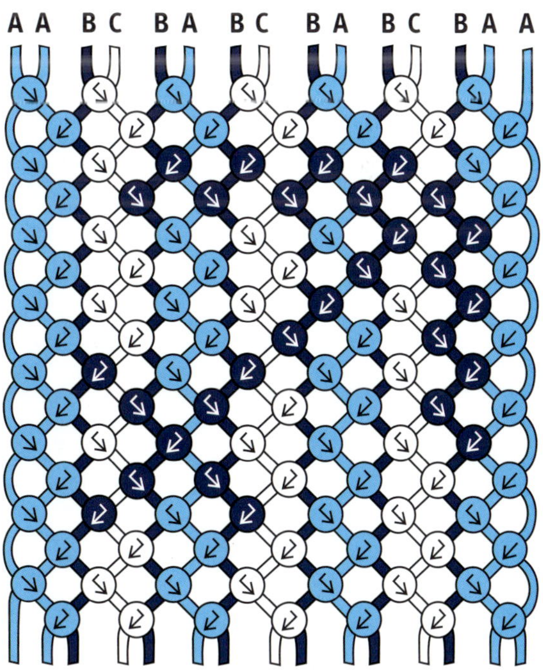

Musik liegt in der Luft

Noten für Musikliebhaber

MOTIVBREITE
ca. 1,7 cm

MATERIAL

- 2 Fäden in Pink (A), 140 cm lang
- 6 Fäden in Schwarz (B), 130 cm lang
- 2 Fäden in Orange (C), 160 cm lang
- 3 Fäden in Hellblau (D), 160 cm lang

FARBVARIANTE

A B C D

1 Schneiden Sie die Fäden in der benötigten Länge zu. Die Fäden in der im Knüpfmuster angegebenen Reihenfolge auf einem Klemmbrett mit der Klammer oder einem Klebestreifen fixieren.

2 Beginnen Sie wie in dem Knüpfmuster angegeben oben links mit einem Rechts-Links-Knoten. Wiederholen Sie die Musterfolge, bis das Band die gewünschte Länge erreicht hat.

3 Vor dem Knüpfen der Spitze (siehe vordere Umschlagklappe) die Länge des Armbandes überprüfen. Zuerst mit den Endfäden, danach mit den Anfangsfäden den Zopfverschluss arbeiten.

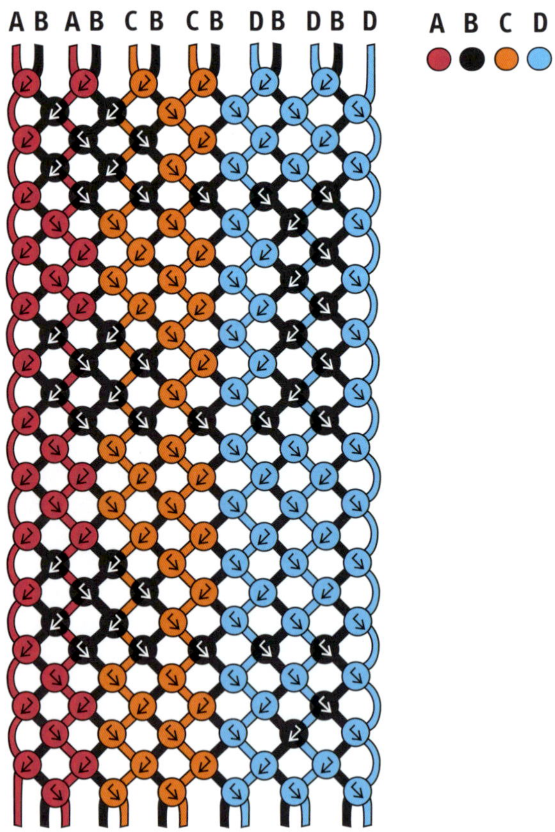

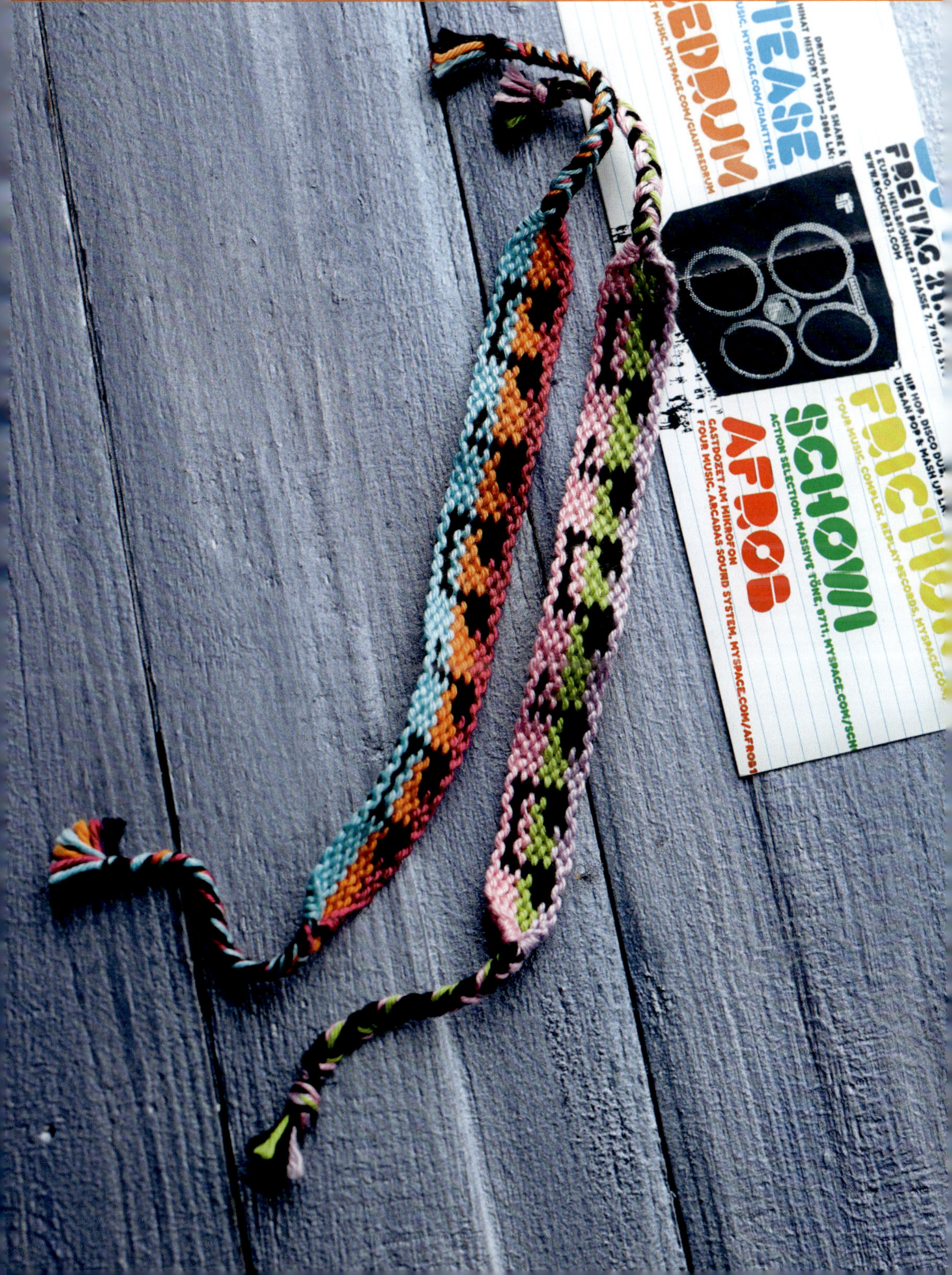
TEASE
REDRUM
GIANT MUSIC. MYSPACE.COM/GIANTREDRUM
SCHOWI
ACTION SELECTION. MASSIVE TÖNE. 0711. MYSPACE.COM/SCH
AFROB
GASTPOZEIT AM MIKROFON
FOUR MUSIC. ARCADAS SOUND SYSTEM. MYSPACE.COM/AFROB

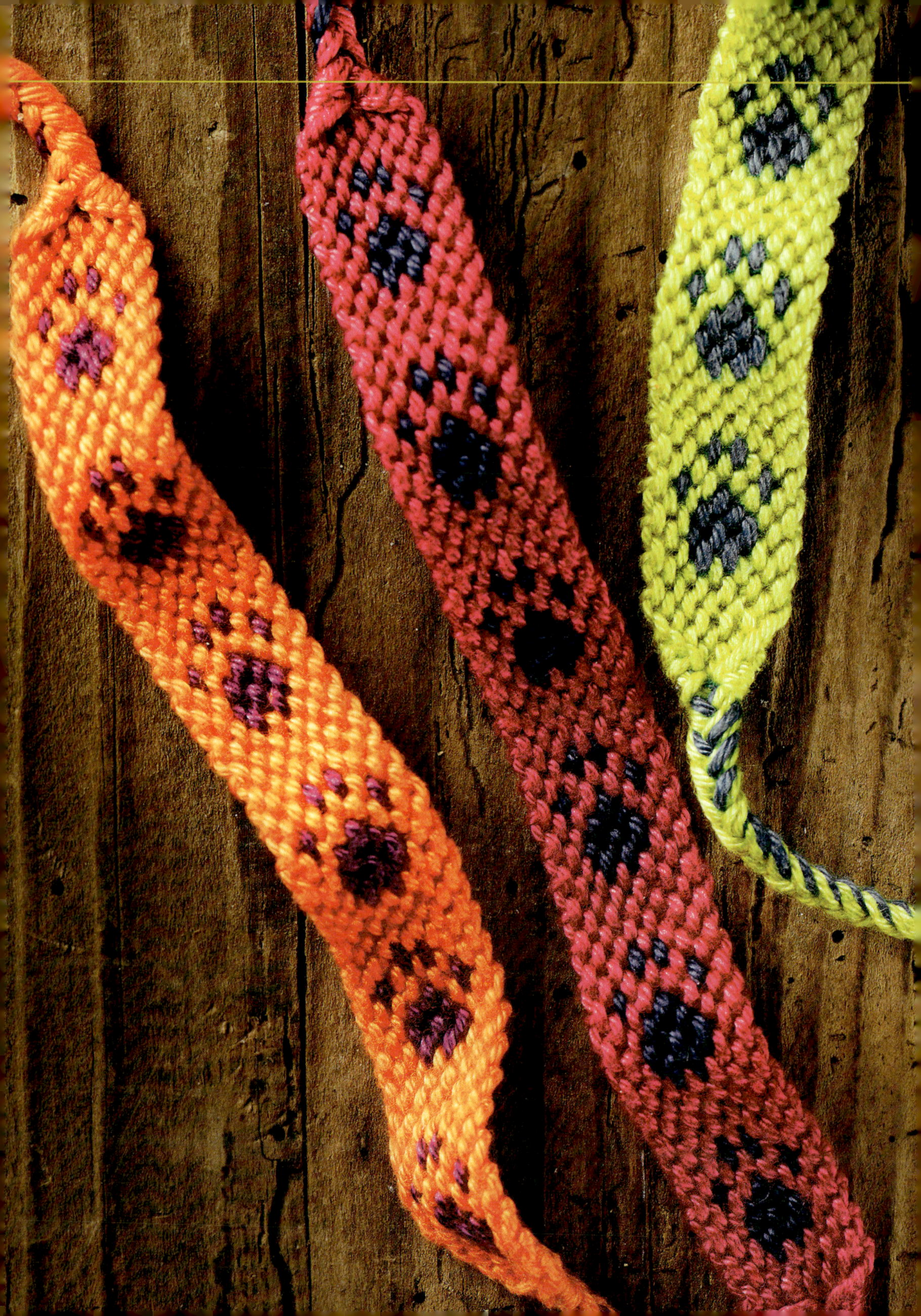

Auf Spurensuche

Tatzen für Katzenfreunde

MOTIVBREITE
ca. 1,7 cm

MATERIAL
- 9 Fäden in Hellgrün (A), 150 cm lang
- 3 Fäden in Petrol (B), 130 cm lang

FARBVARIANTEN

A B

A B

1 Schneiden Sie die Fäden in der benötigten Länge zu. Die Fäden in der im Knüpfmuster angegebenen Reihenfolge auf einem Klemmbrett mit der Klammer oder einem Klebestreifen fixieren.

2 Beginnen Sie wie in dem Knüpfmuster angegeben oben links mit einem Rechts-Rechts-Knoten. Wiederholen Sie die Musterfolge, bis das Band die gewünschte Länge erreicht hat.

3 Vor dem Knüpfen der Spitze (siehe vordere Umschlagklappe) die Länge des Armbandes überprüfen. Zuerst mit den Endfäden, danach mit den Anfangsfäden den Zopfverschluss arbeiten.

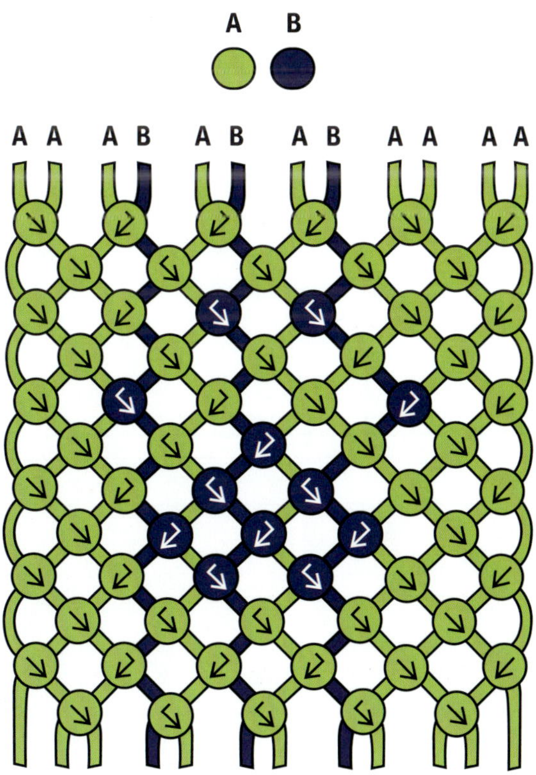

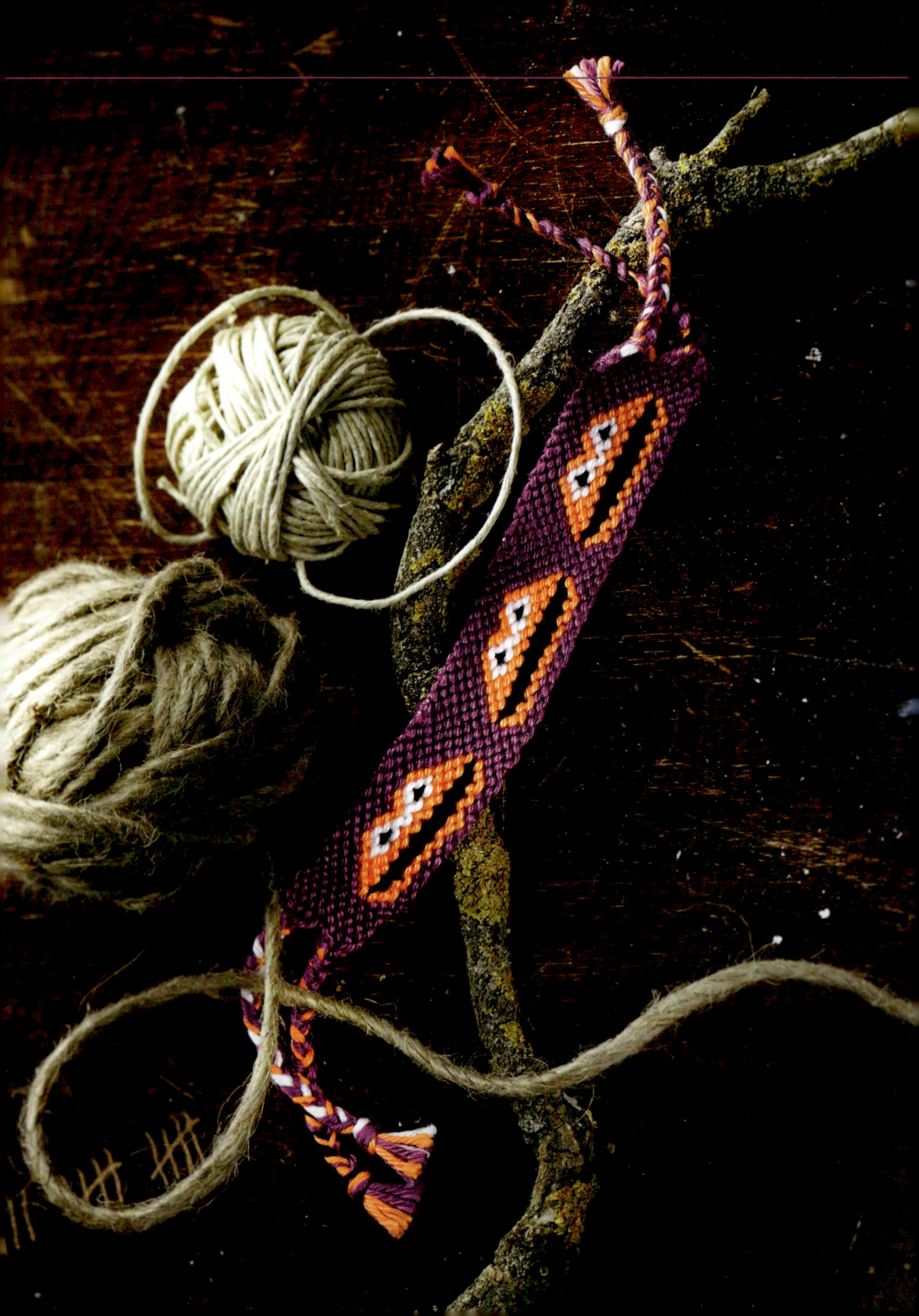

Monsteralarm

freches Krümmelmonster

MOTIVBREITE
ca. 2,5 cm

MATERIAL
- 9 Fäden in Violett (A), je 150 cm lang
- 5 Fäden in Orange (B), je 130 cm lang
- 2 Fäden in Schwarz (C), je 150 cm lang
- 2 Fäden in Weiß (D), je 120 cm lang

1 Schneiden Sie die Fäden in der benötigten Länge zu. Die Fäden in der im Knüpfmuster angegebenen Reihenfolge auf einem Klemmbrett mit der Klammer oder einem Klebestreifen fixieren.

2 Beginnen Sie wie in dem Knüpfmuster angegeben oben links mit einem Rechts-Rechts-Knoten. Wiederholen Sie die Musterfolge, bis das Band die gewünschte Länge erreicht hat.

3 Vor dem Knüpfen der Abschlüsse (siehe vordere Umschlagklappe) die Länge des Armbandes überprüfen. Zuerst mit den Endfäden, danach mit den Anfangsfäden den Zopfverschluss arbeiten. Da das Band mit 18 Fäden sehr breit ist, flechten Sie an jedem Ende einfach zwei Zöpfe. Verfahren Sie jeweils mit der Hälfte der Fäden wie auf der vorderen Umschlagklappe beschrieben.

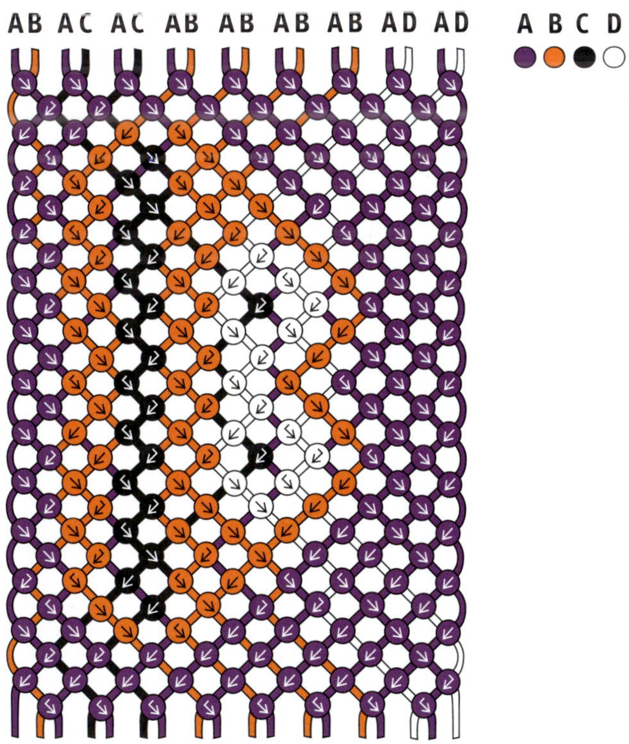

Fischgrätmuster

für Seebären und Landratten

MOTIVBREITE
ca. 1,7 cm

MATERIAL

- 2 Fäden in Rosa (A), je 130 cm lang
- 7 Fäden in Hellblau (B), 150 cm lang
- 5 Fäden in Pink (C), je 130 cm lang

FARBVARIANTE

A B C

1 Schneiden Sie die Fäden in der benötigten Länge zu. Die Fäden in der im Knüpfmuster angegebenen Reihenfolge auf einem Klemmbrett mit der Klammer oder einem Klebestreifen fixieren.

2 Beginnen Sie wie in dem Knüpfmuster angegeben oben links mit einem Rechts-Links-Knoten. Wiederholen Sie die Musterfolge, bis das Band die gewünschte Länge erreicht hat.

3 Vor dem Knüpfen der Spitze (siehe vordere Umschlagklappe) die Länge des Armbandes überprüfen. Zuerst mit den Endfäden, danach mit den Anfangsfäden den Zopfverschluss arbeiten.

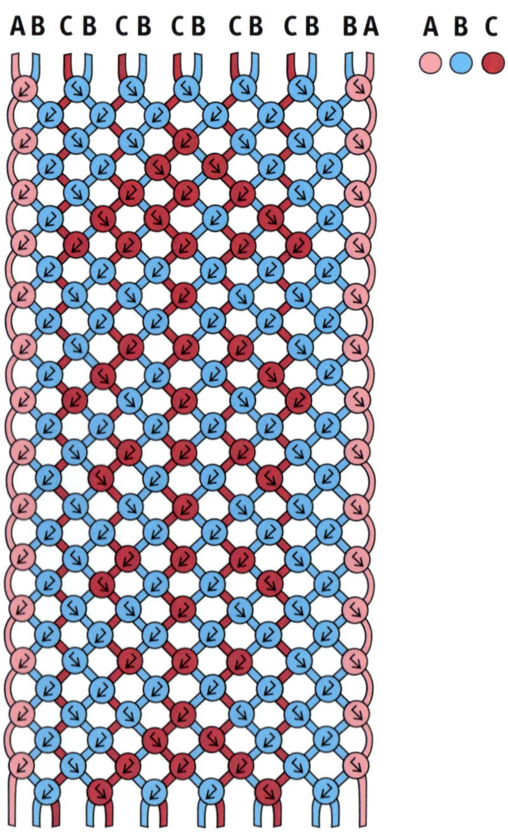

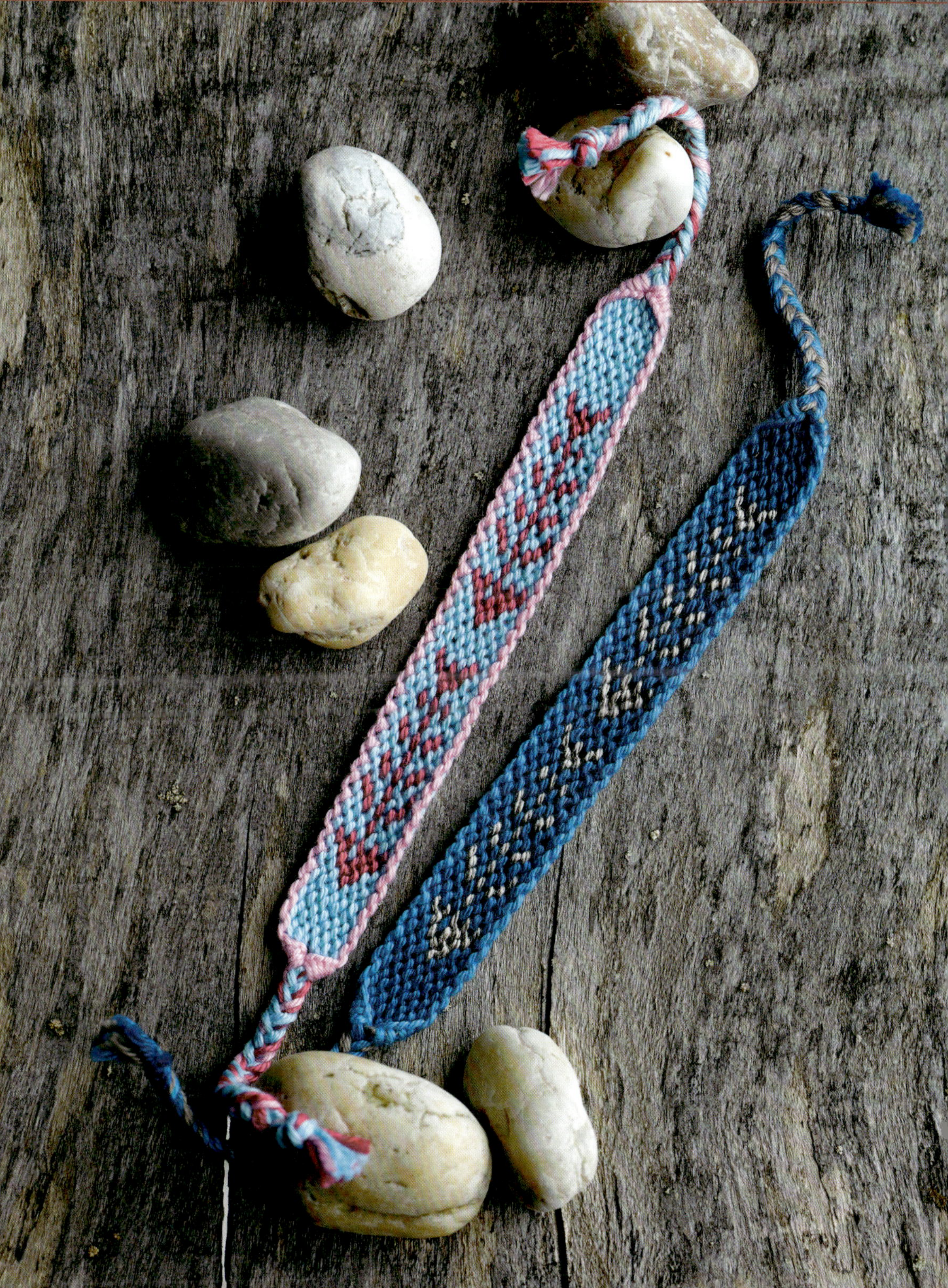

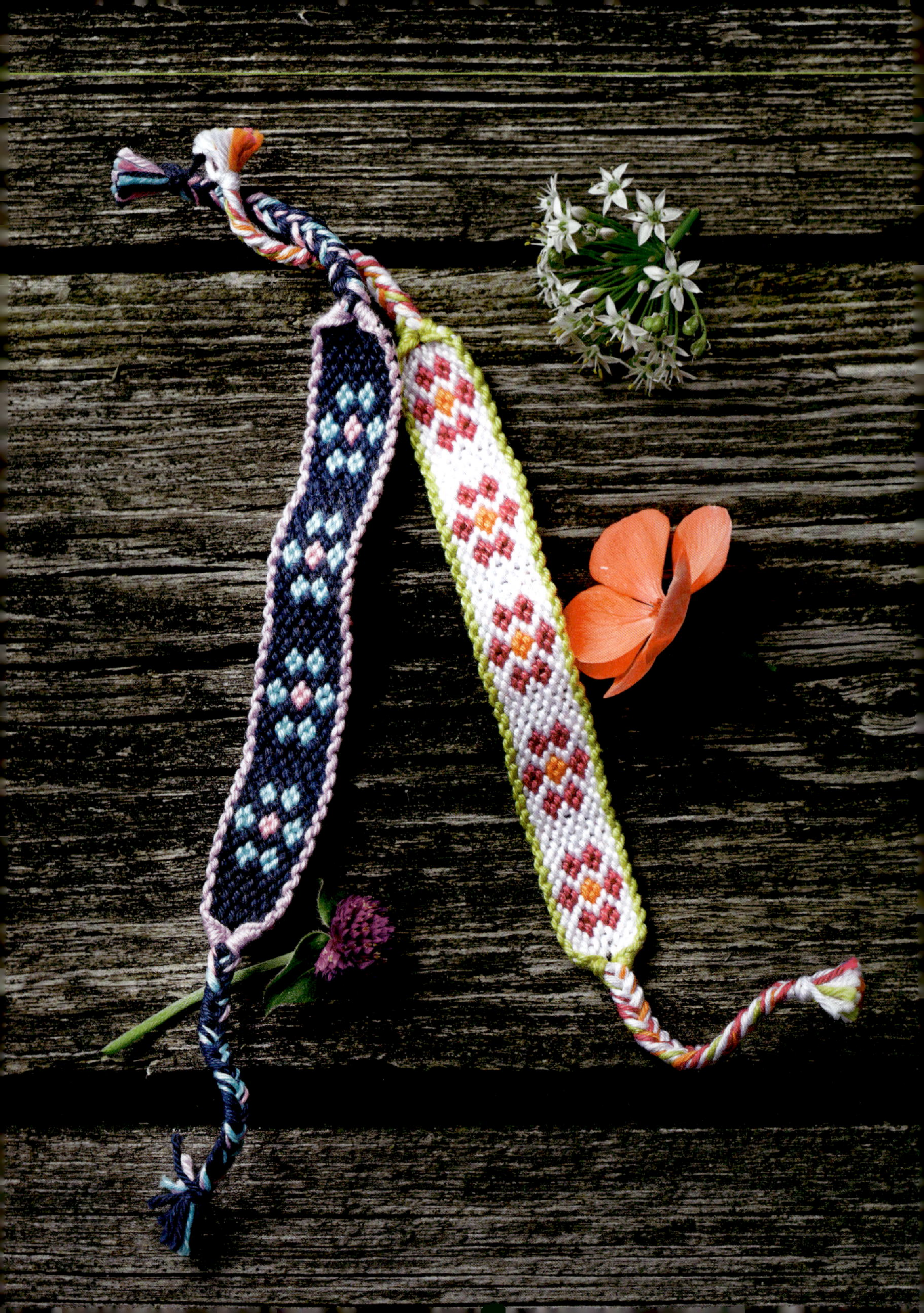

Farbenfrohe Blumenwiese

für Sommerkinder

MOTIVBREITE
ca. 2 cm

MATERIAL

- 2 Fäden in Hellgrün (A), je 130 cm lang
- 8 Fäden in Weiß (B), je 150 cm lang
- 2 Fäden in Orange (C), 110 cm lang
- 4 Fäden in Pink (D), je 130 cm lang

FARBVARIANTE

A B C D

1 Schneiden Sie die Fäden in der benötigten Länge zu. Die Fäden in der im Knüpfmuster angegebenen Reihenfolge auf einem Klemmbrett mit der Klammer oder einem Klebestreifen fixieren.

2 Beginnen Sie wie in dem Knüpfmuster angegeben oben links mit einem Rechts-Links-Knoten. Wiederholen Sie die Musterfolge, bis das Band die gewünschte Länge erreicht hat.

3 Vor dem Knüpfen der Spitze (siehe vordere Umschlagklappe) die Länge des Armbandes überprüfen. Zuerst mit den Endfäden, danach mit den Anfangsfäden den Zopfverschluss arbeiten.

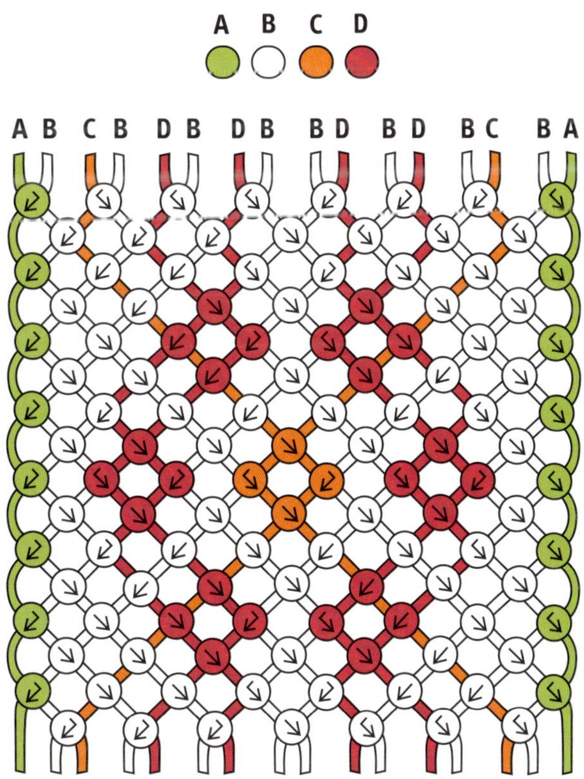

Herzensangelegenheit

auf Wolke 7

MOTIVBREITE
ca. 1,2 cm

MATERIAL

- 7 Fäden in Pink (A), je 140 cm lang
- 1 Faden in Rosa (B), 120 cm lang
- 2 Fäden in Orange (C), je 140 cm lang

FARBVARIANTEN

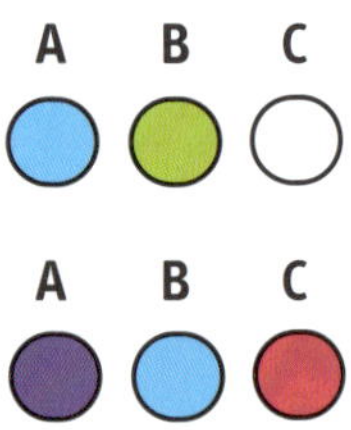

1 Schneiden Sie die Fäden in der benötigten Länge zu. Die Fäden in der im Knüpfmuster angegebenen Reihenfolge auf einem Klemmbrett mit der Klammer oder einem Klebestreifen fixieren.

2 Beginnen Sie wie in dem Knüpfmuster angegeben oben links mit einem Rechts-Rechts-Knoten. Wiederholen Sie die Musterfolge, bis das Band die gewünschte Länge erreicht hat.

3 Vor dem Knüpfen der Spitze (siehe vordere Umschlagklappe) die Länge des Armbandes überprüfen. Zuerst mit den Endfäden, danach mit den Anfangsfäden den Zopfverschluss arbeiten.

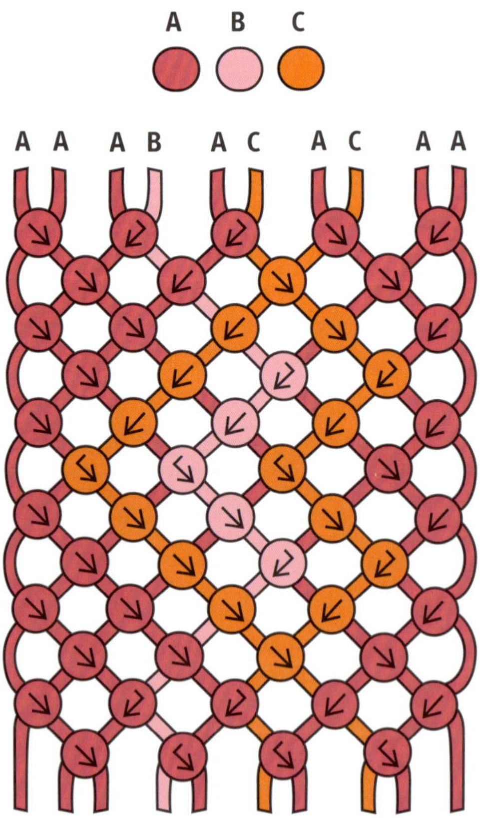

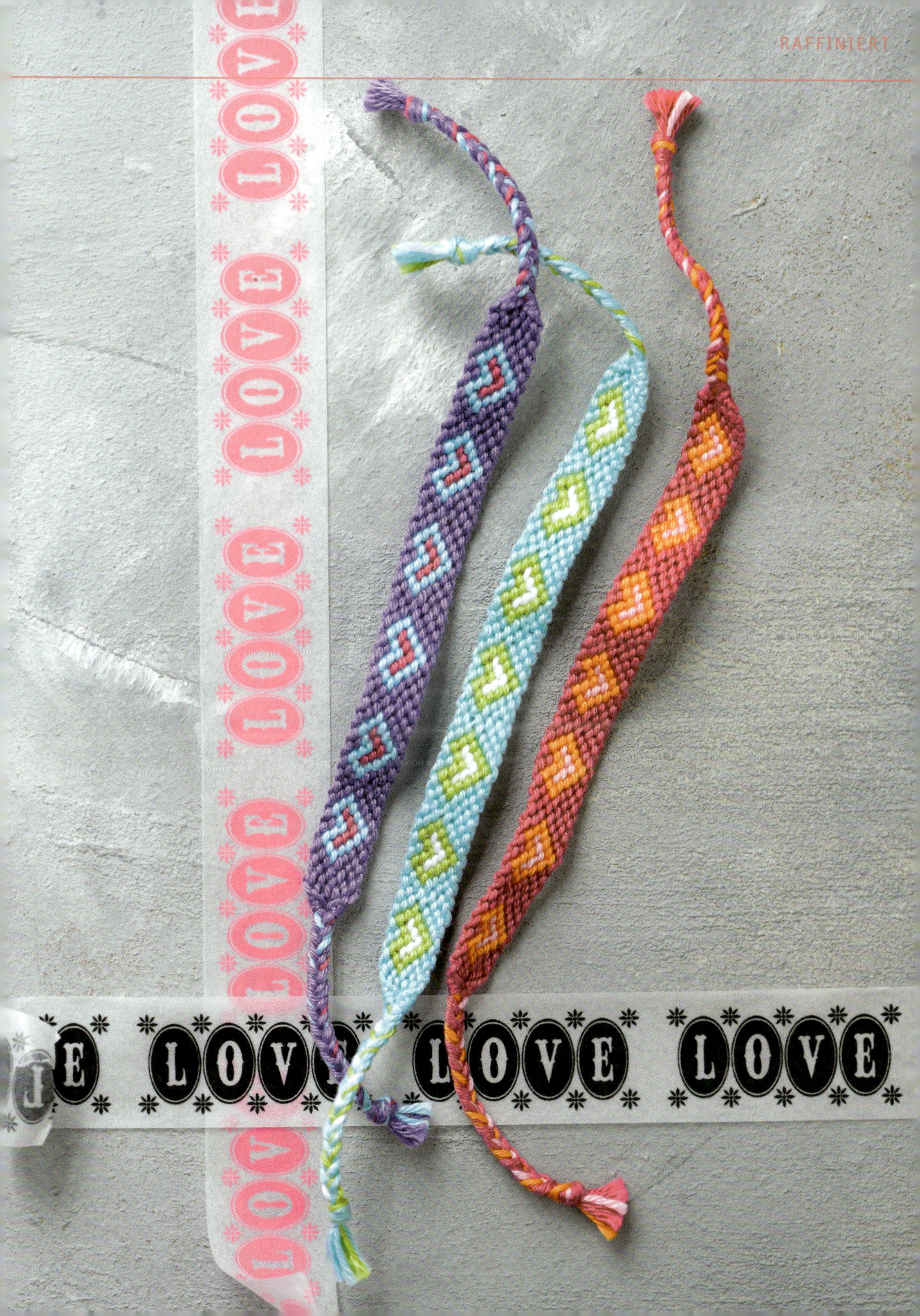
LOVE
LOVE LOVE

Putzige Pinguine

Besuch vom Südpol

MOTIVBREITE
ca. 2 cm

MATERIAL

- 6 Fäden in Hellblau (A), je 150 cm lang
- 2 Fäden in Orange (B), je 140 cm lang
- 3 Fäden in Schwarz (C), je 150 cm lang
- 3 Fäden in Weiß (D), je 140 cm lang

FARBVARIANTE

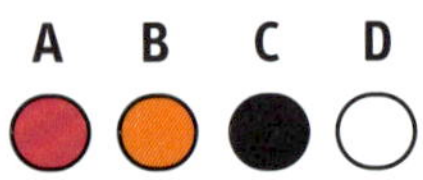

1 Schneiden Sie die Fäden in der benötigten Länge zu. Die Fäden in der im Knüpfmuster angegebenen Reihenfolge auf einem Klemmbrett mit der Klammer oder einem Klebestreifen fixieren.

2 Beginnen Sie wie in dem Knüpfmuster angegeben oben links mit einem Rechts-Rechts-Knoten. Wiederholen Sie die Musterfolge, bis das Band die gewünschte Länge erreicht hat.

3 Vor dem Knüpfen der Spitze (siehe vordere Umschlagklappe) die Länge des Armbandes überprüfen. Zuerst mit den Endfäden, danach mit den Anfangsfäden den Zopfverschluss arbeiten.

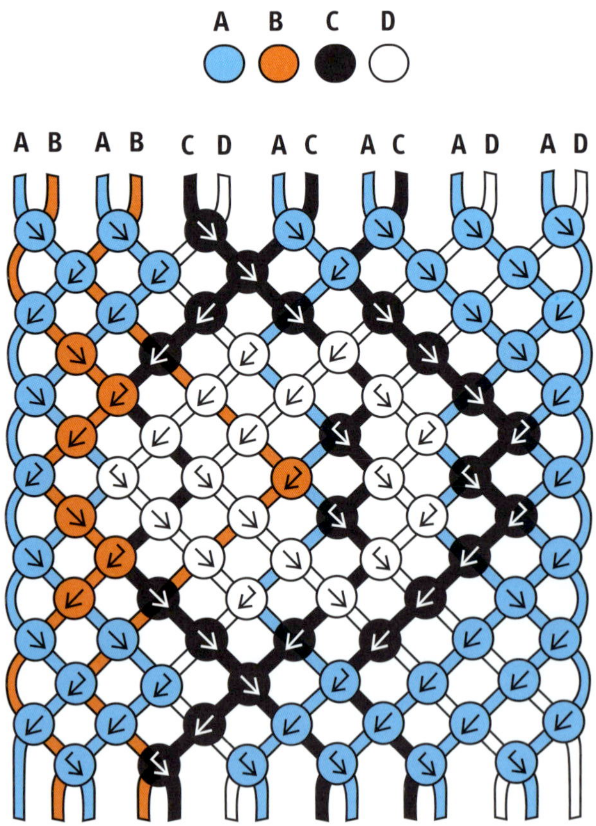

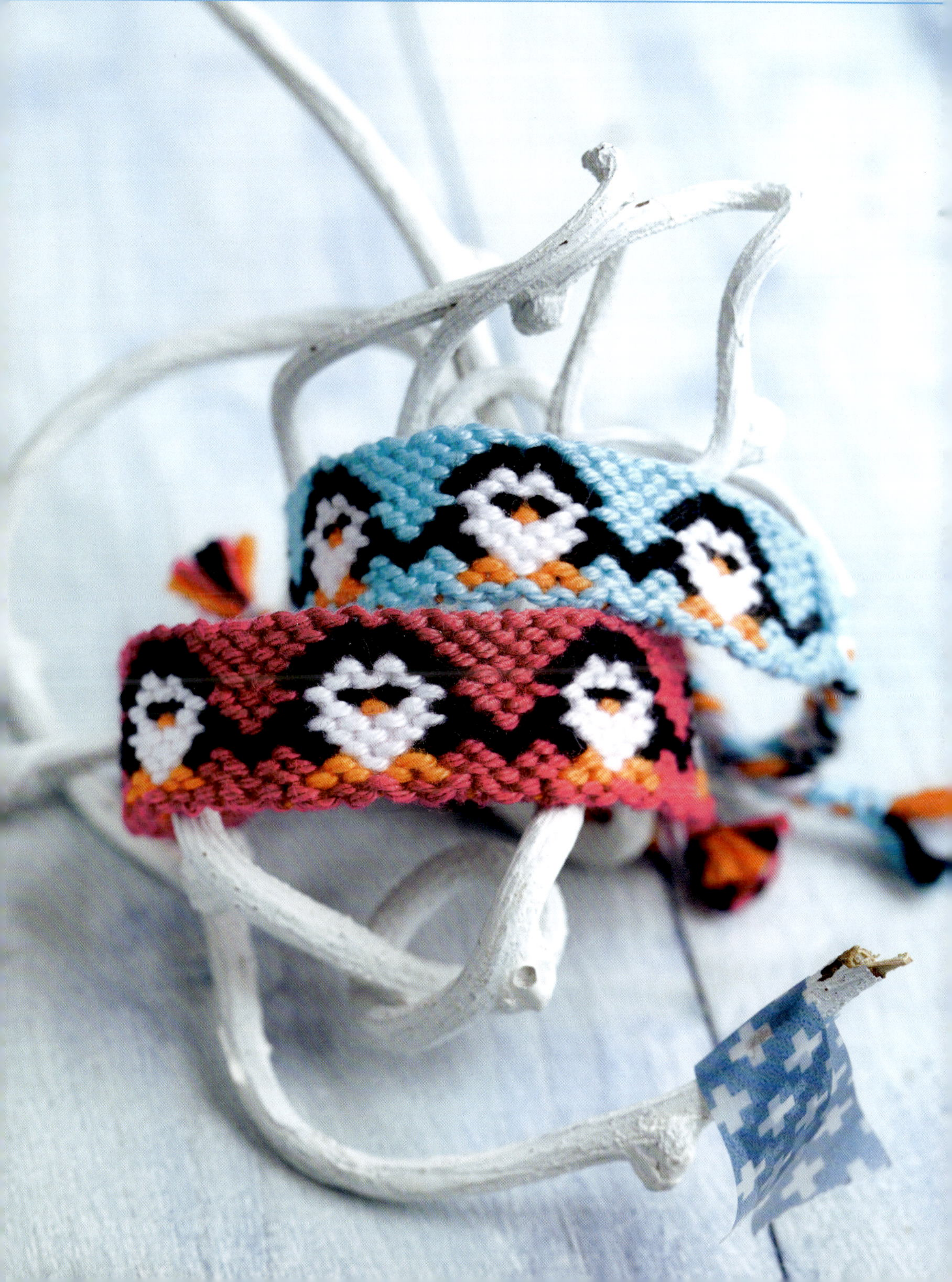

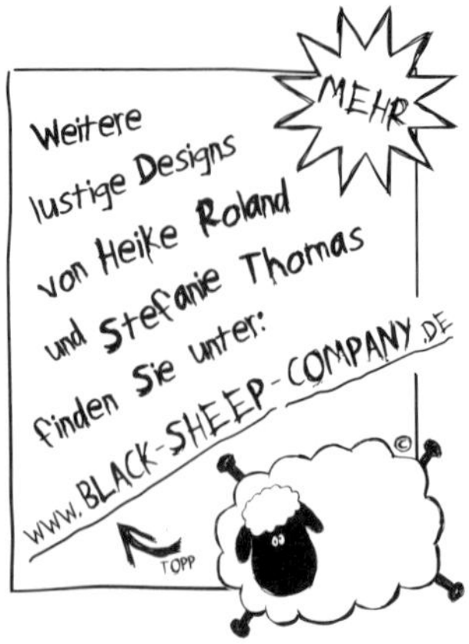

Heike Roland und **Stefanie Thomas** sind seit dem Jahr 2000 die Chef-Schafe der BLACK SHEEP COMPANY. 2004 ist ihr erstes Buch im frechverlag erschienen. Sie verbringen fast den ganzen Tag mit Nähen, Stricken, Häkeln, Filzen, Sägen, Malen, Knüpfen und Entwerfen von praktisch-schönen Dingen mit dem für sie typischen Gute-Laune-Design. Die neuesten Neuigkeiten und mehr aus dem Leben der „schwarzen Schafe" kann man in ihrem Blog unter www.black-sheep-company.blogspot.de erfahren. Sie freuen sich über jedes neue Mitglied in ihrer Herde!

TOPP – Unsere Servicegarantie

WIR SIND FÜR SIE DA! Bei Fragen zu unserem umfangreichen Programm oder Anregungen freuen wir uns über Ihren Anruf oder Ihre Post. Loben Sie uns, aber scheuen Sie sich auch nicht, Ihre Kritik mitzuteilen – sie hilft uns, ständig besser zu werden.

Bei Fragen zu einzelnen Materialien oder Techniken wenden Sie sich bitte an unseren Kreativservice, Frau Erika Noll.
mail@kreativ-service.info
Telefon 07 11 / 123 757 20

Das Produktmanagement erreichen Sie unter:
pm@frechverlag.de
oder:
frechverlag
Produktmanagement
Dieselstr. 5
70839 Gerlingen
Telefon 07 11 / 8 30 86 68

LERNEN SIE UNS BESSER KENNEN! Fragen Sie Ihren Hobbyfach- oder Buchhändler nach unserem kostenlosen Magazin **Meine kreative Welt.** Darin entdecken Sie zweimal im Jahr die neuesten Kreativtrends und interessantesten Buchneuheiten.

Oder besuchen Sie uns im Internet! Unter **www.topp-kreativ.de** können Sie sich über unser umfangreiches Buchprogramm informieren, unsere Autoren kennenlernen sowie aktuelle Highlights und neue Kreativtechniken entdecken, kurz – die ganze Welt der Kreativität.

Kreativ immer up to date sind Sie mit unserem monatlichen **Newsletter** mit den aktuellsten News aus dem frechverlag, Gratis-Bastelanleitungen und attraktiven Gewinnspielen.

IMPRESSUM

MODELLE UND ARBEITSSCHRITTBILDER: Heike Roland und Stefanie Thomas
FOTOS: frechverlag GmbH, 70839 Gerlingen; lichtpunkt, Michael Ruder, Stuttgart
PRODUKTMANAGEMENT: Mariel Marohn
GESTALTUNG: Eva Grimme
DRUCK: POLYGRAF PRINT spol. s r.o.

6. Auflage 2024

ISBN 978-3-7724-4217-9 • Best.-Nr. 4217

MIX
Papier | Fördert gute Waldnutzung
FSC® C023577

Penguin Random House Verlagsgruppe FSC® N001967

Materialien und Werkzeuge

Mit einer STUMPFEN NADEL können falsche Knoten wieder aufgetrennt werden.

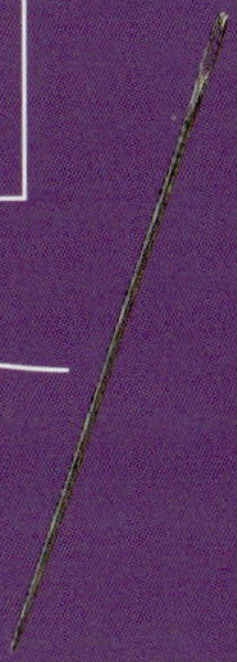

Eine SCHERE benötigt man zum Abschneiden der Fäden.

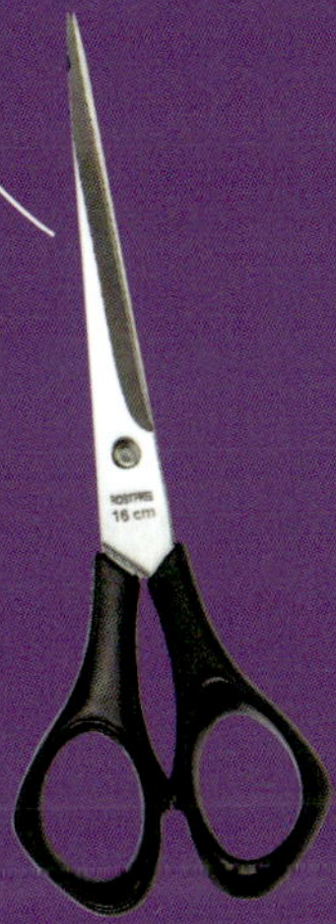

Geknüpft wird mit BAUMWOLLGARN. Ebenso gut können Sie auch PERLGARN verwenden. Dann werden die Bänder allerdings etwas dünner und Sie brauchen etwas mehr Länge für die einzelnen Fäden.

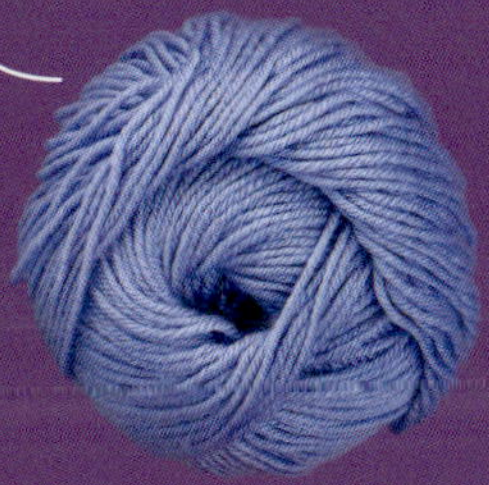

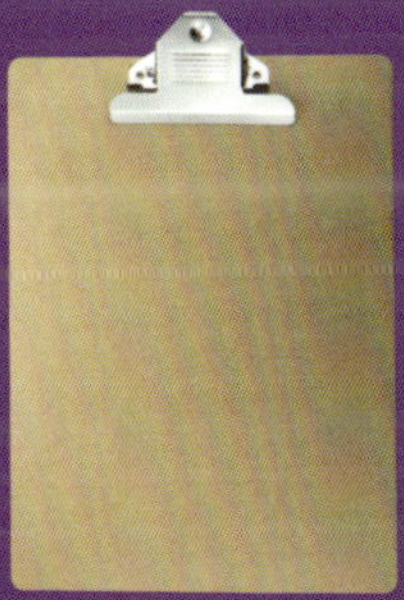

Mit einem KLEMMBRETT können die Fäden in der richtigen Reihenfolge befestigt werden und das Knüpfen wird so erleichtert.

Praktisch für unterwegs! Die Fäden können Sie auch an eine SICHERHEITSNADEL knüpfen, die Sie an einem Kissen oder an Ihrer Jeans befestigen.

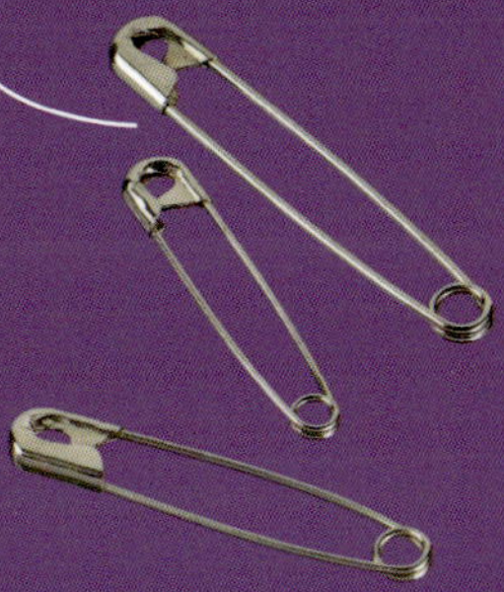

Mit einem MASSBAND misst man die Länge der einzelnen Fäden ab.

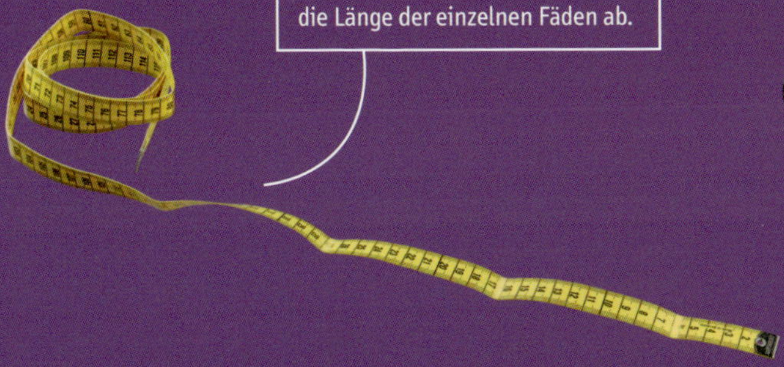

… so wird's gemacht

Lesen von Knüpfmustern

Beispiel einer Musterfolge:

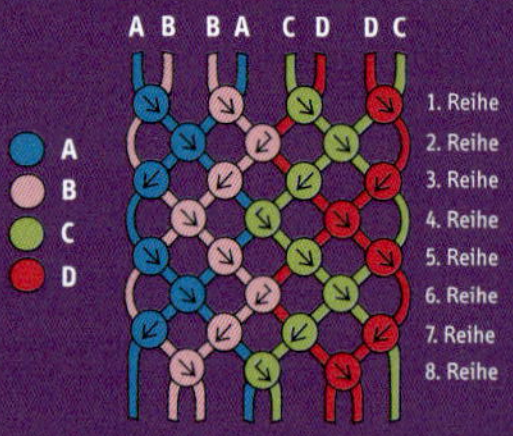

Die Kreise geben die Farben an, die Buchstaben die Position der Fäden im Muster. Jeder Kreis mit einem Pfeil steht für einen Knoten. Er ist in der Farbe gezeichnet, in der der Knoten nach dem Knüpfen erscheint. Der Pfeil darin zeigt an, um welche Art von Knoten es sich handelt (siehe vordere Umschlagklappe).
Jeder Knoten wird mit zwei Fäden gearbeitet. Dabei wird der eine Faden gehalten (= Haltefaden) und der andere um diesen herum geknüpft (= Knüpffaden). Die beiden Balken oberhalb des Kreises zeigen die Fäden, die für diesen Knoten verwendet werden. Die beiden Balken unterhalb des Kreises zeigen, wie die Fäden nach dem Knüpfen liegen. Mit dem Knüpfen wird in der obersten Reihe begonnen und jeweils von links nach rechts Reihe für Reihe nach unten gearbeitet.

Erste Knüpfreihe

1 Mit den beiden ersten Fäden auf der linken Seite beginnen und den im Knüpfmuster angegebenen Knoten arbeiten, in unserem Beispiel einen blauen Rechts-Rechts-Knoten, d. h. der blaue Faden ist der Knüpffaden, der rosafarbene der Haltefaden.

2 Anschließend die beiden rechts daneben liegenden Fäden für den nächsten Knoten fassen. Es wird also ein rosafarbener Rechts-Rechts-Knoten geknüpft, d. h. der rosafarbene Faden ist der Knüpffaden, der türkisfarbene der Haltefaden.

3 Wiederholen, bis alle Fäden dieser Reihe verknüpft sind.

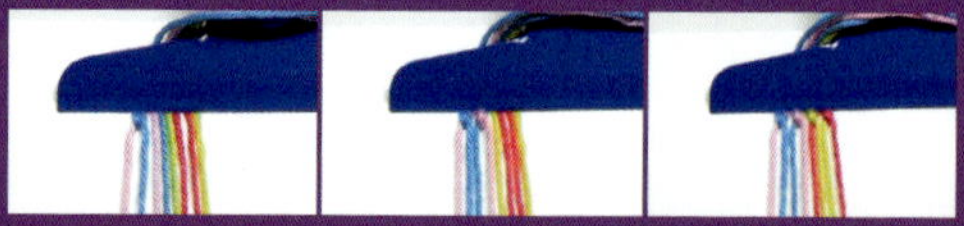

Zweite Knüpfreihe

1 Beginnen Sie wieder auf der linken Seite. In dieser Reihe wird der erste Faden auf der linken Seite (rosa) nicht verknotet. D. h. Sie knüpfen den ersten Knoten mit dem zweiten und dritten Faden (Rechts-Rechts-Knoten in Blau).

2 Den nächsten Knoten (Rechts-Links-Knoten in Rosa) mit den beiden rechts daneben liegenden Fäden knüpfen und so weiter. Am Ende der Reihe bleibt ein Faden übrig (pink), der, wie der erste Faden dieser Reihe, nicht verknotet wird.

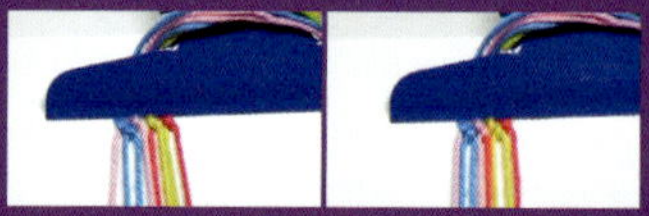

Dritte Knüpfreihe

In der dritten Knüpfreihe wieder mit den beiden ersten Fäden auf der linken Seite beginnen. Knüpfen Sie wie oben beschrieben weiter, bis Sie das Ende der Musterfolge erreicht haben. Dann wiederholen Sie die Musterfolge, bis das Armband die gewünschte Länge hat.

Wichtig: Die Reihenfolge der Fäden nicht vertauschen! Kontrollieren Sie die Fäden vor dem Verknüpfen mit den Farbangaben im Knüpfmuster.

Schwierigkeitsgrade

●○○ schnell und einfach

●●○ braucht etwas Übung

●●● für Anspruchsvolle

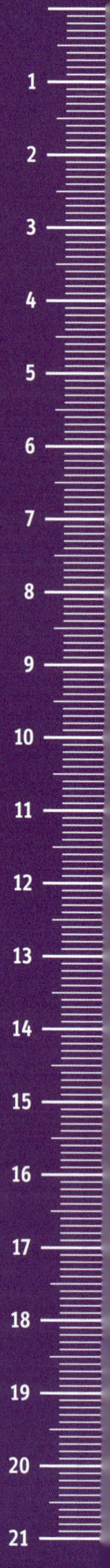

So wird's gemacht ...

Wichtig: Jeder Knoten besteht aus zwei Einzelknoten. Die Richtung des Pfeils im Symbol gibt den Verlauf des Knüpffadens an.

Rechts-Rechts-Knoten

Der rechte Faden ist der Haltefaden. Den Knüpffaden (linken Faden) darüber legen, um den Haltefaden schlingen und nach rechts oben herausziehen. Dabei den Knüpffaden so lange nach oben ziehen, bis der Knoten am oberen Ende des Haltefadens festgezogen ist. Den gleichen Knoten noch einmal wiederholen, d. h. den Knüpffaden wieder auf die linke Seite legen und wie oben beschrieben, beenden. Zur Kontrolle: Der Knüpffaden liegt nun nicht mehr links, sondern rechts vom Haltefaden.

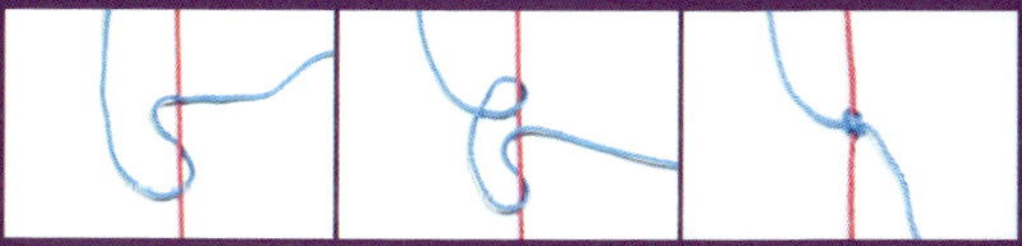

Links-Links-Knoten

Der linke Faden ist der Haltefaden. Den Knüpffaden (rechten Faden) darüber legen, um den Haltefaden schlingen und nach links oben herausziehen. Dabei den Knüpffaden so lange nach oben ziehen, bis der Knoten am oberen Ende des Haltefadens festgezogen ist. Den gleichen Knoten noch einmal wiederholen, d. h. den Knüpffaden wieder auf die rechte Seite legen und wie oben beschrieben, beenden. Zur Kontrolle: Der Knüpffaden liegt nun nicht mehr rechts, sondern links vom Haltefaden.

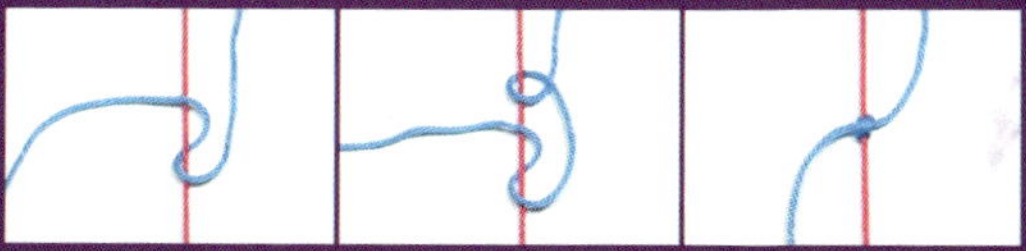

Links-Rechts-Knoten

Der linke Faden ist der Haltefaden. Den Knüpffaden (rechten Faden) darüber legen, um den Haltefaden schlingen und nach links oben herausziehen. Dabei den Knüpffaden so lange nach oben ziehen, bis der Knoten am oberen Ende des Haltefadens festgezogen ist. Nun den Knüpffaden nach rechts über den Haltefaden legen, darum schlingen und nach rechts oben herausziehen. Den Knüpffaden so lange nach oben ziehen, bis der Knoten am oberen Ende des Haltefadens festgezogen ist. Zur Kontrolle: Der Knüpffaden liegt nach dem ersten Knoten links und nach dem zweiten Knoten wieder rechts vom Haltefaden.

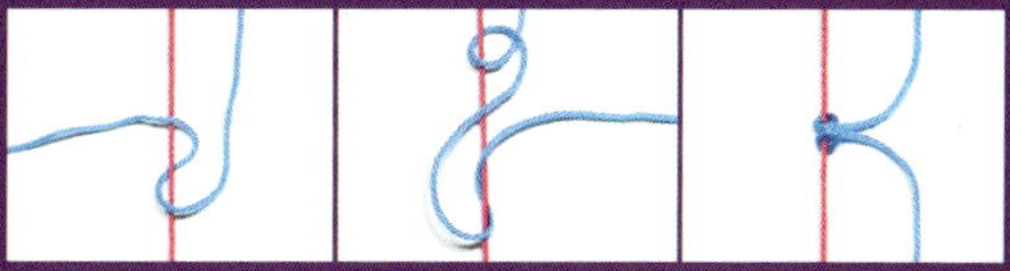

Rechts-Links-Knoten

Der rechte Faden ist der Haltefaden. Den Knüpffaden (linken Faden) darüber legen, um den Haltefaden schlingen und nach rechts oben herausziehen. Dabei den Knüpffaden so lange nach oben ziehen, bis der Knoten am oberen Ende des Haltefadens festgezogen ist. Nun den Knüpffaden nach links über den Haltefaden legen, darum schlingen und nach links oben herausziehen. Den Knüpffaden so lange nach oben ziehen, bis der Knoten am oberen Ende des Haltefadens festgezogen ist. Zur Kontrolle: Der Knüpffaden liegt nach dem ersten Knoten rechts und nach dem zweiten Knoten wieder links vom Haltefaden.

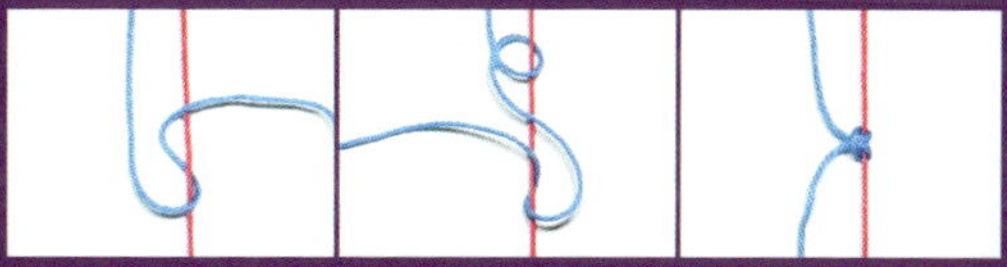

Festziehen der Fäden beim Knoten

Beim Festziehen der Fäden ist es wichtig, dass Halte- und Knüpffaden eine diagonale Linie bilden. So entsteht ein gleichmäßiges Knotenbild.

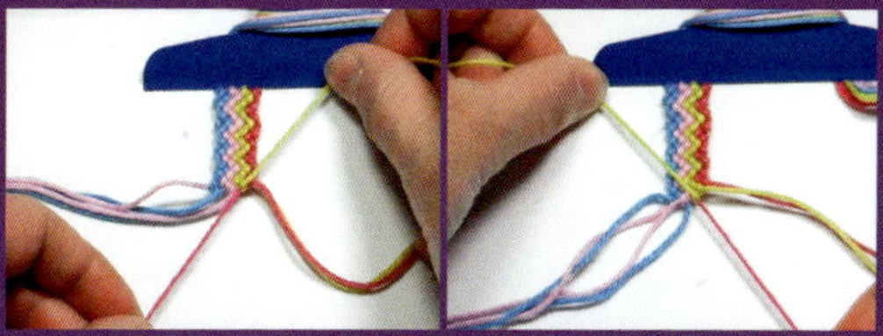

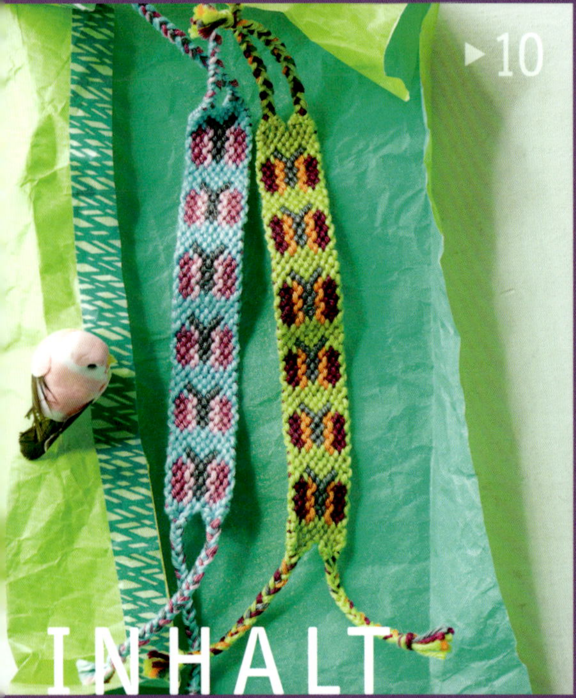

INHALT

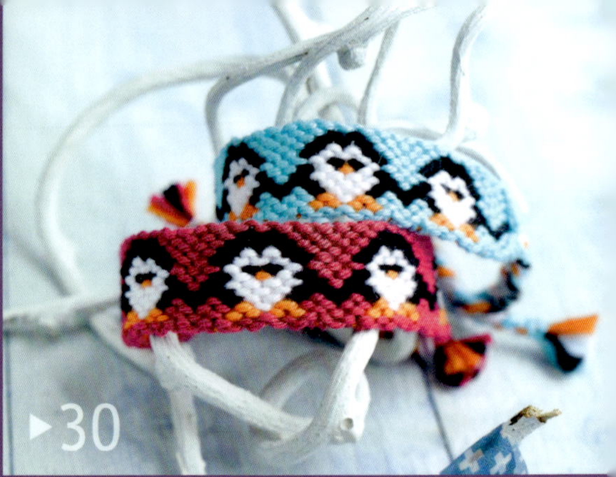

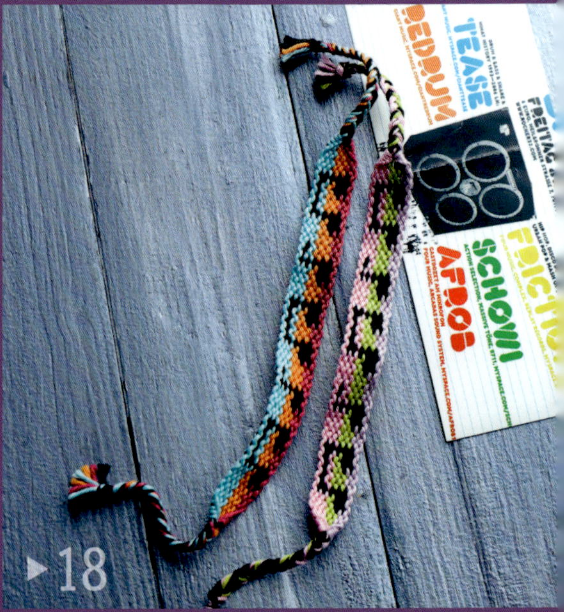

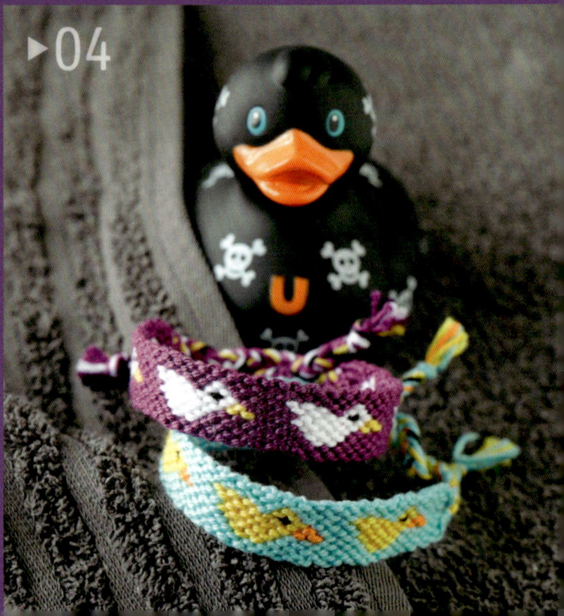